プロを輩出し続ける

異能の指揮官 渡邉正雄

加来慶祐

竹書房

はじめに

まわりの人間からは「宇宙人」と呼ばれ、その肩書を本人も勲章を得たかのように嬉々として受け入れているのが面白い。

大分県立佐伯鶴城高校野球部を率いる、渡邉正雄監督である。

１９７２年10月30日に大分県宇佐市で生まれた、保健体育科教諭の51歳。自他ともに「宇宙人」と認める独特の感性の持ち主だけあって、その野球人生も極めて異質な経歴を辿っている。

高校時代は県立四日市（現・宇佐）の軟式野球部に所属し、主に遊撃手としてプレー。在学中の３年間は、いずれも夏の全国選手権大会に出場し、３年時には国体３位という実績も残した。ところが、一浪して入学した日本体育大では、一転して硬式野球部に入部する。高校時代に硬式でプレーし、大学で準硬式や軟式に転向するというケースはあるものの、渡邉監督のようなケースは極めて珍しい。そして、周囲の反対を強引に押し切っての硬式転向だったこともあり、大学４年間で公式戦出場の機会は与えられず、ほぼ幽霊部員としての日々を過ごした。

大学を卒業後は小学校の教員を経て、臼杵商（現・津久見）で念願だった硬式野球部の指導者生活をスタートさせる。その後、中津工（現・中津東）で部長に就任し、監督代行として夏の采配も経験。2010年には大分商に転勤して副部長に就いたが、同年の冬にチーム事情から監督に就任することとなった。

周囲から「軟式出身の渡邉に、どれだけのことができるの？」と白い目を向けられる中、渡邉監督は大分県勢最多の甲子園出場回数を誇る伝統校ならではのプレッシャーや、様々な〝口出し〟に晒されることになる。しかし、そうした状況の中でも、暗黙のルールやセオリーに縛られない独自のチーム作りを推し進めながら、既成概念を次々に打ち崩していくのだった。

2011年春の大会では、初采配初優勝を達成。2013年には夏の大分大会をも制し、大分商を16年ぶりの甲子園に導いた。2022年春の転勤までの間、2013年から2019年までは1年おきに夏の大分大会で決勝進出を果たし、九州大会出場も計5度を数えている。

長い間〝冬眠期間〟にあった古豪を瞬く間に復活させたことで、当初はワンポイントの代行監督のつもりで引き受けた名門校の監督を、結果的には異例の11年半という長期にわたり務めることになる。そして、渡邉監督はここから人並外れた強運を味方に付け、高校野球界の表舞台を走り続けていくのである。

大分商時代の渡邉監督は、2013年夏、2020年春（コロナで大会中止）の2度、甲子園の土を踏んでいるが、それ以上に監督の実績として特筆すべきは、驚くべき「プロ野球選手輩出率」だ。

2014年。前年夏の甲子園に2年生エースとして出場した笠谷俊介が、ソフトバンクからドラフト4位指名を受けた。これを皮切りに、2015年には川瀬晃（ソフトバンク）、2016年には大学・社会人を経た源田壮亮（西武）、2017年には廣澤伸哉（オリックス）、2019年には明大を卒業した森下暢仁（広島）と、教え子たちが続々とプロ入りを果たしていく。2020年以降も川瀬堅斗（オリックス）、三代祥貴（ソフトバンク）を育成でプロ野球の世界に送り出すと、2022年に転勤した佐伯鶴城でも、赴任1年目に古川雄大を西武2位という高評価でプロの世界へ導いているのだ。

2014年の笠谷に始まり、9年間でじつに8人。近年、これだけのドラフト実績を上げている公立の監督は、渡邉監督のみと言っていい。しかも、中には森下のようにドラフト1位の選手もいる。その森下と源田は、それぞれプロ1年目に新人王に輝き、2021年には侍ジャパンの一員として東京五輪の金メダリストとなった。なお、東京五輪の日本代表に複数の選手を輩出した全国唯一の公立校が大分商である。

源田は2023年のWBCでも世界一メンバーに名を連ね、守備の名手に贈られるゴールデングラブ賞もプロ2年目から6年連続で受賞。依然として、日本を代表する遊撃手として君臨している。ソフトバンクの笠谷や川瀬晃も、2017年からの4年連続日本一に貢献し、毎年のように優勝争いに加わるチームの欠かせぬ戦力として活躍中だ。

公立全盛の昭和の時代ならともかく、タレント集中の都市型私学野球が全盛となった現代の高校野球界において、地方の公立校からこれだけのハイペースで一軍レベルの選手を世に送り出し続けていること自体が、異例中の異例なのである。

「大分商に来て1年目に源田を見て、笠谷を1年時から指導していく中で、自分の中に〝こうやっていけば、プロに行けるのかな〟という道筋が見えてきました。今ではそれを指標にして、プロを目標に生徒を指導することが楽しくて仕方がありません。〝このタイミングで、こういう指導をしていけばプロに行けるのではないか〟という自分なりの基準があるので、これからも毎年ひとりはプロに出し続けていきたいですね」

普通であれば絵空事のように聞こえてしまうそんな言葉が、ただの大言壮語に聞こえないあたりが渡邉監督のすごさと言ってもいいのかもしれない。

このように、ひとりの人間がずば抜けた結果を残せば、まわりは出る杭を打ちたくなるものだ。

そのうえ「外部からの批判は、まったく苦にならない。一度も円形脱毛症になったことがない」、「ブーイングをパワーに変えるところもあるので〝もっと言ってくれてもいいよ〟と思うこともある」、「やっちゃいけないと言われていることはやりたくなるし、セオリーだと言われることに対しても〝そもそもセオリーって何？〟と常に疑問を抱いてしまう」、「賛否両論ほど楽しいものはない」といった太々しい発言で、作らなくてもいい敵を作ってしまうのだから困ったものである。

正直なところ、就任から数年間の渡邉監督を見ていると、筆者の目にも〝ええかっこしい〟が少々過ぎるのではと映った時期があった。常にまわりを見渡しながら虚勢を張り、常にその反応を探っているため、グラウンドに集中できていないように見えて仕方がなかったのだ。いつの頃か定かではないが、恐れ多くも年長者の渡邉監督に対して「もう少しパフォーマンス（言動）を控えては……」と進言し〝余計なお世話〟を焼いてしまったこともあった。

もちろん、自分自身を「根拠のない自信の塊」と分析する渡邉監督だけに、そう簡単に自らのスタンスを崩すことはなかった。

「根拠のない自信というものは、若いうちになくなっていくのが普通なのでしょうが、私は常に持っています。そして、根拠のない自信があるからこそ機転を利かせることができるし、変化を起こすこともできるんです。それに、機転とは文字どおり〝チャンスを転がす〟ことだと思っています。そのためにも、どんどん動いて崩していかないとダメなんですよ。崩すからこそ、人間は動き出していける。そして、それができる人間だけが、大成すると信じています。根拠のない自信は、次に進んでいくための原動力なんです」

そう語る渡邉監督だが、年齢を重ねるごとに、その指導に些細な変化が見られるようになったのも事実だ。どことなく、指導者としての「人間味」が感じられるようになったのである。宇宙人的発想も、自信に満ちた発言も健在だが、それらにすら人間的な〝可愛げ〟が感じられるようになった。

以前のように〝ええかっこしい〟のままではベールに包まれて見ることができない

内面を、少しずつ曝け出そうとしているのか。それとも、自ずと滲み出てしまうのか。もしかすると、これは渡邉監督が指導者としてのスケールアップを果たそうとしている瞬間なのかもしれない。

だから私は、今このタイミングで「監督・渡邉正雄」の頭の中を探ってみたいと思ったし、あらためて過去の教え子たちの才能を開花させた、独特の指導についてまとめてみたいと考えたのだ。

渡邉監督は、佐伯鶴城1年目の2022年夏に4強進出を果たし、秋も2年続けて4強入り。1996年の夏以来遠ざかる甲子園出場に向けて、早くも手腕を発揮しているが、同時に「甲子園出場以外を目指す高校野球のあり方」を追求しているようでもある。

渡邉監督は、なぜ公立校に集まる選手たちを、プロ野球の世界へと送り続けることができるのか。なぜ甲子園から遠ざかってしまった名門校を、短期間で再浮上させることができたのか。

「私が大事にしているのは〝瞬間〟、〝覚醒〟、〝突き抜ける〟、〝突き進む〟。それらを応用しながら、日頃の指導にあたっています」

まずはそんな言葉を心の片隅に留めておきながら、渡邉正雄が発する数々のテレパシーをキャッチしていこうと思う。そして、最後まで読んでいただいた後に、人間・渡邉正雄の面白さと凄みを少しでも感じていただけるのなら幸いだ。

目次

第一章

突き抜けた野球人生
異能×異才の指揮官が誕生するまで

第二章

「宇宙人と異質な才能」との出会い

プロ野球選手となった教え子たち

第三章　プロ野球選手をいかにして育てたか
原石たちが覚醒した瞬間

第四章

独自のワールドを突き進む
強くなるための「思考法」

第五章

テレパシーが飛び交うグラウンド 選手を活かす組織作り

第六章　佐伯鶴城で目指す「2度目の古豪復活」

新天地で問われる真価

第七章

野球観を一変させた王者の存在
明豊と渡邉正雄

第一章

異能×異才の指揮官が誕生するまで

突き抜けた野球人生

宇佐の悪童

渡邉監督が生まれた大分県宇佐市は、県北部に位置する県内有数の穀倉地帯である。全国に約4万4000社あるとされる八幡宮の総本社、国宝・宇佐神宮の鳥居前町として栄え、本願寺別院の門前町でもあることから、古くから多くの人々が行き交う観光と交易の街でもあった。北は周防灘に面し、天気の良い日には本州の山口県を目と鼻の先に望むことができる。

高校野球の世界では1994年夏に甲子園4強、2004年の明治神宮大会優勝などで、平成期の大分県をリードした柳ケ浦が有名だ。また、不滅の69連勝を樹立した大横綱・双葉山の出身地ということもあり、相撲が盛んな地域でもある。

そんな宇佐で育った渡邉監督は、物心が付いた時から、大人を困らせてばかりの「悪ガキ」だったという。小学校時代の通知表の備考欄には、クラス担任からの注意事項がびっしりと書き込まれていた。注意というより、中身はほぼ先生からの〝恨み、つらみ〟が書き連ねてあったらしい。

ある日、学校をサボって近所の河口で遊んでいた渡邉少年は、テトラポッドの隙間に捨てられていた、たくさんの弾丸の空薬きょうを発見した。戦時中の宇佐は、旧日本海軍の飛行場など軍の施設があった。その名残もあって、一般市民や渡邉監督のような子供たちが、家の近所で軍が残した空薬きょうを発見することも珍しくなかったそうだ。〝これはすごい！〟と色めき立った渡邉少年は、それらをすべてかき集め、映画「ランボー」のようにベルトに巻きつけて遊んでいたところ、学校の先生に見つかって大目玉を喰らってしまうのだった。

音楽の発表会では、演奏中におかしな音を出して全体を乱すため、リコーダーのすべての穴にテープが貼られていたこともあった。

「これはやっちゃダメ」と言われれば言われるほど、そこに向かって挑みたくなる性分でもある。良いように捉えるならば「やってはいけない理由」を探るために、あえて危険を冒してしまうのだ。

ある時、通学途中にスズメバチが巣を作った。小学校の中でも「黒い恰好をしていると襲われる。とにかく、その道だけは絶対に通るな」と、スズメバチの対処法が通知されたという。しかし、注意されればされるほど、彼の心には火が点いてしまう。渡邉少年はわざわざ自転車を真っ黒に塗り、上下黒の服装を着てスズメバチに突撃したところ、案の定〝めった刺し〟に遭って崖下に転落してしまった。「台風が近づいているので、川で遊んではいけません」と言われた日に友達と河原で遊んでいたら、増水した川に溺れて救助されたこともある。そんな九死に一生のエピソードには事欠かない宇佐の悪童に対して、母はいつも頭を抱えていたが、自衛隊出身の父はいつも優しく、自由に行動させてくれたのだという。

無理やり始まった野球人生

野球を始めたのは、宇佐市立四日市小学校2年生の時だった。両親とふたりの姉という家族構成の中で育ったが、野球に携わるのは末っ子の渡邉監督が初めてで、特段スポーツ一家だったということでもなかった。本人曰く「大人が思い描くとおりに行動しない子供だった」ために、両親が近所で一番厳しいと言われていた指導者に預けたというのがきっかけである。だから、まったく自分の意志による入団ではなかったし、決して〝野球がやりたい〟と思って育った子供でもなかった。

「走れ！」と言われれば、試合中でも一塁から三塁に向かって走り出す〝問題児〟だったが、試合に負けることは極端に嫌いだった。試合にはずっと出場し続け、宇佐西部中学校の軟式野球部でもチームの中心選手を担っている。

中学校時代の恩師からは、人生を左右する重要なヒントを授かった。

「お前みたいな奴が体育教師になるのも面白いかもな」

このひと言がきっかけとなり、渡邉監督の中には「甲子園よりも体育教員に」という志が芽生えたのだった。

中学時代は高校での硬式転向を希望しており、実際に複数の高校から声が掛かってもいた。渡邉監督の希望は、1学年上で近所でもヒーロー的存在だった宮地弘明さん（元楊志館監督）が所属していた県立森高校（現・玖珠美山）の一択だった。しかし、渡邉監督に声を掛けてくれた当時の監督が辞めることになったため、すでに受験することも入寮することも決定していた森高校への進学を独断で取りやめてしまう。

こうして渡邉監督は、軟式野球部しかない県立四日市への進学を決意する。軟式とはいっても、当時の四日市は全国的にも知られた強豪だった。また「甲子園よりも体育教員に」という将来への道がすでに確立されていた渡邉監督にとっては、日本体育大出身の監督が率いていたという点も大きな魅力だったかもしれない。

高校に入学してすぐに、外野のレギュラーを手に入れた。その後はずっと正遊撃手としてプレーし、3年間とも兵庫県明石市で行われる夏の全国選手権大会に出場。3年夏には全国4強進出を果たし、秋の国体でも3位入賞を遂げている。

「当時の私にとって、甲子園というものは、まったく違う世界にあるという感覚でした。だから、テレビ中継もあまり見てはいませんでした。現役中は〝硬式に負けないように〟という気持ちもありましたが、何よりも〝小中学校からの仲間と楽しく野球をやりたい〟という感覚が勝っていましたね。だから、野球に対する自我や欲は、まったくと言っていいほど芽生えていませんでした」

独断で押し切った硬式転向

高校時代の実績が評価され、日体大（軟式野球部）への推薦も取りつけることができた。しかし、渡邉監督は突如として天理大へ進学希望し急遽受験することになったが、結果は不合格。やむなく、1年間の浪人生活を送ることとなった。その1年間も親には「予備校に行く」と言っておきながら、1日も通わずに遊び倒した。そんな姿を高校時代の恩師が見かねて「やっぱりお前は日体大に行け」と救いの手を差し伸べ、

1年遅れで日体大に入学することになったのだ。

高校時代の監督にもずいぶんと骨を折ってもらい、入学後には軟式野球部もしくは準硬式でプレーするという条件で、なんとか推薦を取りつけてもらった。しかし、入試を受けた時点で、渡邉監督の心は〝大学に入ったら硬式だ〞と決していた。

「高校3年間は、軟式でたくさん大きな大会にも出たし、後悔もありません。そうは言っても、やはり心の中で〝硬式をやりたい〞という気持ちが完全には消え失せていなかったのでしょう。私にとっては、子供の頃から野球における最高のステージといえば、やはりプロ野球よりも身近な高校野球の甲子園でした。ある時、それまではまったく違う世界にあったはずの甲子園を、どんどん意識するようになっている自分に気づいたのです。と同時に〝いずれは体育の先生に〞という思いと一緒に〝高校野球の指導者になって甲子園を目指したい〞という夢が、日増しに大きくなっていくのが分かりました」

その決意は、もちろん親や恩師にも告げることはなかった。こうして渡邉監督は、大学入学後に軟式野球部を辞め、部員400人ほどの硬式野球部へと転籍した。入学の条件と、それまでの過程が過程だっただけに、周囲はもちろん大反対である。それでも我を通したことで、当然やりづらい部分も多かった。試合に出られるわけがなく

「一軍に入りたい、レギュラーになりたい、大学選手権に出たい」などと言っていられるような状況でもない。在学中に〝大学を辞めようかな〟と思ったことも、一度や二度ではなかった。

それでも「体育教師になること」と「野球の指導者になって甲子園を目指したい」という思いを支えに、なんとか大学は卒業できた。また、大学進学のことで多くの人に迷惑をかけてきたことへの〝罪滅ぼし〟の思いもあったのだろう。選手として活躍することはなかったが、指導者になるための勉強には、人一倍熱心に取り組んだ。在学中は、知人の紹介で中京大中京（愛知）といった甲子園常連校の練習を見学に訪れるなど、将来を見越して精力的に活動している。

宇宙人監督、小学校の先生になる

日体大で中学と高校の教員免許を取得し「いずれは高校で教員に」と希望していた渡邉監督だったが、最初の赴任先は意外にも小学校だった。この先、高校の教諭になれば、小学校の現場には一生行くこともないだろう。そう考えた渡邉監督は、同期全員が高校の採用を希望する中で、ただひとり小学校の臨時講師を希望した。こうして教員生活1年目を、大分県の中津市立鶴居小学校で踏み出すことになったのである。

そもそも、当時の渡邉監督は小学生と接した経験も少ないし、小さな子供ははっきり言って苦手でしかなかった。そんな中に、自ら望んで入っていったのは「もっと子供のことを知りたい」というシンプルな理由だった。教員である以上、子供をよく理解し、そのひとりひとりと、しっかりとした関係を築き上げなければならないのだ。

それまでの人生と同じように「興味が湧いたら、その道をとことん追求したくなり、もっと知りたいという欲求が強くなる。そこで失敗しようが、一度でもそれを経験しなければ気が済まない」という性格がフルに発動され、渡邉監督は臨時講師ながら3年生のクラス担任となった。

しかし「興味があったので小学校に来ました！」と言って飛び込んではみたものの、渡邉監督の手には教員としての武器は何も備わっていない。もちろん小学生に勉強を教えた経験はなく、高校のように保健体育の授業だけを担当すればいいわけでもない。全教科の授業をひとりで行うのである。渡邉監督自身もあの手この手で学習し、ようやく各教科の授業も様になってきたが、音楽だけはどうにもならなかった。そこは小さな頃から習っていた書道を活かし、音楽の授業と代わってもらうなどして「小さなマネジメント」も覚えていった。

「小学校の先生は、常にお母さん方と直接関わっていかなきゃいけないんです。どうすれば、お母さん方を味方に付けることができるのか。そのためには、子供たちを楽しくさせなきゃ話にならない。だから、もう好きなようにやりました。他の先生方からどう批判されようと、子供たちに慕われるために全力を注ぎました」

渡邉監督は「課外授業だ」と言って、頻繁に子供たちを校外に連れ出した。そのため、自分のクラスだけ集団下校に間に合わず、まわりの先生に迷惑をかけたこともあった。給食時間の騒々しさは他クラスの追随を許さず、その中心にいたのはいつも担任の渡邉監督だった。それでも不思議と、親からのクレームはなかったという。やがて校長も「もうお前はそれでいい」と半ば諦め口調ではあったが、渡邉監督の独特な教育方針を認めるようになった。

当時の同僚の多くはいまだに現役で、すでに校長や教頭などのポストに就いている人も少なくない。現在も渡邉監督を可愛がり、渡邉監督が甲子園に行ったり、教え子をプロ野球に送り出したりすると「ナベちゃん、おめでとう！」と言って、いろいろ祝福してくれるのだそうだ。そして、のちに赴任した中津工で小学校講師時代の教え子と再会を果たした時、渡邉監督は教員としての「至福」を感じずにはいられなかった。

「とにかく子供の心の中に入っていくことの大事さを、小学校の講師時代に学びました。やはり小学生と接したあの1年間が、教員としての原点ですね」

恩師・後藤美次監督との出会い

小学校で臨時講師を1年務めた後、渡邉監督は高校の教育現場へと移った。まずは講師として県立臼杵商に3年間勤務し、初めて高校野球の指導に携わることになる。そして、そこでも運命的な出会いが渡邉監督を待っていた。

当時の臼杵商を率いていたのが、後藤美次監督だった。後藤監督は大分商出身で、1967年夏には4番打者として甲子園8強進出に貢献。監督としても岡崎郁（元巨人）を擁した1979年の春夏を含め、母校を3度の甲子園出場に導いている。渡邉監督が言うように「名門・大分商の野球部を象徴する人」と言っても決して過言ではない人物だ。

臼杵商での後藤監督は「大分商でまた監督をするので、ここでは野球をしない」と言って硬式テニス部の顧問を務めていた。しかし、当時の野球部監督が急逝したため、急きょ監督を受けざるを得ない状況になった。そして、亡くなった監督の代替要員として、6月に講師として赴任したのが渡邉監督だったのである。

こうして、念願だった高校野球の指導者生活がスタートしていくのだが、硬式の指導者としてはルーキー中のルーキーだ。したがって、渡邉監督は後藤監督から選手以上に厳しい指導を受けることとなる。ある意味、渡邉監督の野球人生において、もっとも熱心に〝野球を練習した日々〟だったかもしれない。

全体練習が終わり選手たちの姿がグラウンドから消えると、そのまま照明を落とさずに〝個人レッスン〟が始まる。まずは、ノックの打ち方からである。トスの上げ方、フライの上げ方、バットの出し方などを徹底的に叩き込まれながら、深夜2時までひたすらノックバットを振り続けた。夜中に素振りを命じられることもしょっちゅうだった。それも、ノックのための素振りではない。後藤監督は「バッティングを覚えろ」と言って、選手と同じように実打用のバットで素振りをさせるのである。

深夜まで照明を煌々と焚いていても、近隣住民からの苦情はなかった。むしろ「これでも食べて」と、夜食を差し入れてくれるのだ。それだけ、実績充分な後藤監督に対する市民の期待度が高かったということなのだろう。このように、地域に勇気を与える力が高校野球にはあることを、渡邉監督はあらためて思い知らされた気がした。

渡邉監督は後藤監督とともに、学校内の研修センターで3年間寝食を共にしながら、練習の進め方、生徒の動かし方、声の掛け方など、指導者に必要なスキルの多くを学んでいく。その中で、両者にはある共通点があることに気づいた。

「後藤監督はとにかく一匹狼でしたね。人と群れることがなかったし、人の意見を聞くことはほぼなく、自分の意見を曲げようともしない。まわりからどんなに批判されても、自分が思い立ったことを貫いていく。いきなり女子ソフトボール部と練習試合をしてみるなど、独創性もすごかったです」

妥協することを知らない後藤監督の姿に、どれだけ圧倒されたことか。深夜まで続く練習でボロボロになった手を見つめるたびに、若かりし日の渡邉監督は幾度も武者震いしたのだという。

〝寝耳に水〟の大分商監督就任

教員採用試験に合格した渡邉監督は、野球部のない県立海洋科学という水産高校で

4年間、ボート部の顧問を務めた。その後、中津工に転勤して6年間勤務し、主に部長を務めた。最後の年には〝代打監督〟として初めて夏の大会で指揮を執り、初采配初勝利も経験している。

2010年春に、渡邉監督は大分商に転勤する。大分商といえば、恩師・後藤監督の母校だ。ある意味、渡邉監督にとってはいろいろな運命が繋がった瞬間と言っていいのかもしれない。

小学校の頃、地元の宇佐で高校野球の試合を初めて目の当たりにした。その時に試合をしていたのが、胸に「DAISHO」のロゴを煌かせた大分商だったのである。だが、その試合で渡邉監督の目に焼き付いたのは、選手をボコボコにする監督の姿だった。その光景を見てしまったことも、高校時代の渡邉監督が硬式野球に所属しなかった一因でもあった。しかし〝絶対にここで野球をすることはない〟と思った高校に、渡邉監督は行き着いてしまったのだ。

赴任当時の大分商は、県大会の優勝はおろか13年間も甲子園から遠ざかるなど、長期にわたる低迷期にあった。副部長として迎えた1年目も、夏はなんとか8強入りを果たしたものの、秋は初戦で敗れている。そういう苦しいチーム事情の中、秋の初戦敗退直後から監督が休養に入り、大分商は監督不在という緊急事態に陥った。

そんな混乱のまま年を越そうかというクリスマスの日に、突如として渡邉監督の自宅ベルが鳴る。玄関先に立っていたのは、2年生の野球部員たちだった。

「監督をしてくれませんか？　僕たちを鍛え上げてください」

その後、野球部OBから「春に新しい監督が来るから、それまではお前がやれ」と言われたため、渡邉監督は12月から3月までの期間限定監督に就任する。本人も周囲も「春には経験豊富な監督が赴任する」と信じ込んでいたので、あくまで春の大会までのワンポイントリリーフのつもりだった。しかし、大分商に新しい監督は来なかった。

「大分商への転勤希望者もいなかったのではないでしょうか。だから、もう私が受けるしかない状況になって、そのまま春季大会に入っていくことになりました。OBからしてみれば、私は軟式出身で野球も知らない、ましてやOBでもない外部の人間です。〝お前にいったい何ができるんだ？〟と思っていた人もたくさんいたと思います。大会で指揮を執ったことがあると言っても、夏に代行で一度だけですから。受け入れられないと思う人がいて当然ですが、こちらとしてはもうやるしかない状況でした」

寝耳に水で、まわりには助け船もないままの出航となったが、ひとりだけ渡邉監督の背中を押した人物がいた。大分商OBで恩師の後藤監督だった。

「もう覚悟を決めろ。お前がやれ。そして、好きなようにやれ。お前は俺の下で3年間もやってきたんだから大丈夫だ」

高校野球における父でもある後藤監督のひと言が、果たして渡邉監督にどれだけの勇気と力をもたらしただろう。その後、大分商監督として初めて挑んだ春季大会で、渡邉監督はチームを12年ぶりの優勝へと導くのである。

選手に対する鉄拳制裁を目の当たりにしたことで、大分商と高校野球に対する〝負の印象〟を抱いてから、25年以上の年月が過ぎていた。あの日、鬼の形相で選手を殴りつけ、渡邉監督を硬式野球から遠ざけてしまった後藤監督からの後押しを受けて、渡邉監督は古豪復活の使者となったのである。これを運命と呼ばずして、いったい何と呼ぼう。

初采配初優勝がもたらしたもの

「それなりの戦力は揃っていましたが、秋には初戦敗退していたのでノーシードでの春でした。部員も少なかったのですが、私を信じて付いてくる能力だけは、非常に高かったと思います。私の家に来た時も『どんな目に遭わされても構わないので、僕たちに野球を教えてください』と言ってきた子供たちでした」

というのが、渡邉監督が春に初采配初優勝を達成した代の大分商だった。ただ、渡邉監督自身は、春の大会ですぐに結果が出るなどとは思ってもいなかった。一日も早く戦う集団になるためには、みんなで同じ方向を向かなければならないと考えた渡邉監督は、シーズン解禁と同時に、選手たちを連れて沖縄遠征に出発した。沖縄尚学、浦添商、興南といったトップクラスのチームと練習試合を行い、結果は全敗に終わったが「選手たちが自分の方を向いてくれるようになってきました」と、大きな収穫を得る結果となった。しかし、その後の練習試合も全敗。結局、1勝も経験しないまま春季大会の初戦を迎えている。

渡邉監督は、それまで7番を打たせていたエースの小野克大を1番打者に起用した。投手とはいっても小野の打撃センスは非凡で、練習試合でも1番を打たせると7割近い打率を残していた。もちろん、これを見ていた多くのOBからは「エース投手に1番打者を打たせるなんて、大分商では許されない！」といったブーイングの嵐だ。しかし、練習試合で残した圧倒的成績というデータを盾にして、渡邉監督は一歩も譲らない。また、それぐらい思い切った選手起用に打って出る勝負度胸がなければ、長期低迷からの脱却はないという考えもあった。

監督として最初の賭けは、吉と出た。1番を打った小野は打率7割8分ほどの高打率を残し、投打において12年ぶり優勝の立役者となったのだ。1回戦の相手は、秋に初戦敗退を喫した大分工だった。その試合でも、小野はひと際まばゆい光を放った。

まず、先頭打者として四球を選んで出塁すると、立て続けに二盗、三盗を成功させる。さらに相手の隙を突いて本盗を決め、電光石火の〝ひとり攻撃〟で得点を挙げたのである。これで勢いに乗ったチームは初戦でコールド勝ちを収めると、そこから鶴崎工や明豊といったシード校を次々に倒して頂点に駆け上がっていったのだ。

春の大会で優勝したことで、いろいろと騒がしかった周囲が一瞬にしてトーンダウンしたと渡邉監督は振り返っている。やはり、人々が欲していたのは「強い大分商」だったのだ。初采配初優勝という結果によって、選手たちとの信頼関係が高まったのは言うまでもない。また、OBや関係者の多くが、同じ方向を向いていくきっかけにもなった。

恩師の遺言「3年で甲子園に行け」

春の優勝を後藤監督に報告するため、渡邉監督が足を運んだのは病室だった。すでに、後藤監督は末期がんのため面会もままならないほどの状況だったが、渡邉監督の見舞いには快く応じてくれたという。

「監督、優勝できました！」と言う〝教え子〟に対し「よくやった！　でも調子に乗るなよ。勝負の世界はそう甘いものじゃないぞ」と、ひと釘刺すことも忘れない恩師。そして、後藤監督はこう続けた。

「3年以内に甲子園に行け。お前なら行ける。でも、俺はその姿を見ることはできんだろうが……」

後藤監督はこの面会から1か月ほど後に、息を引き取った。つまり、これが野球人・後藤美次から渡邉監督が受け取った「遺言」となったのだ。

「3年で甲子園」は、後藤監督から課された厳しいノルマである。しかし、後藤監督はたしかな勝算を見出していたのではないか。それを、次のような言葉の中に感じ取ることができたと渡邉監督は言う。

「お前も俺と一緒だよ。感覚で生きている人間だからな。俺はお前のことを信じているし、お前の好きなようにやればいい。でも、3年で結果が出なかったら、自分から身を引け。3年で勝てなかったら、もう何年やっても一緒だし、お前には合っていなかったということだ。その間は勝っても負けても、まわりからはいろんなことを言われるだろう。その大変さは、大商の監督になった者にしか分からないものがある。でも、お前が〝こうだ〟と思ったことは、とことんまでやりきれ。それができなければ、とても大商の監督なんて務まらないから」

渡邉監督は就任にあたって、後藤監督の同級生が経営している飲食店に出向き「後藤美次先生の野球を継承していきます」と力強く宣言した。後藤監督の野球は、ピッチャーを中心としたディフェンス。送るところは送る。大事な場面では、手堅くスクイズで1点を取りにいく。いわゆるオーソドックスな野球で、長らく地元ファンから「大商野球」と愛され続けてきた古典的スタイルだ。

しかし、そんな渡邉監督の力強い所信表明を聞いた後藤監督は、一笑に付してこう語ったという。

「3年間一緒にやってきたんだからよく分かる。お前に大商野球は無理だ。大商で監督をやりたいのであれば、あくまで自分の感性の中で野球をすることだ。お前には、他の者では絶対に真似ができない直感力と洞察力が備わっている。お前に技術指導なんて無理なんだから、ブレることなく直観力と洞察力を大事に伸ばしていけ。大商の監督は、お前ぐらいハチャメチャな奴の方がいいんだ。だから、頑張れ」

そして、後藤監督ははっきりと「お前に託す」と言った。そのひと言が、渡邉監督にとっては最強の守護札にもなった。その後は、何が起きても踏ん張らなければいけない。渡邉監督の中に、大分県最多の甲子園出場回数を誇る名門を率いていく覚悟が固まった瞬間だった。

あっという間に終わった甲子園

春の優勝でスタートした監督初年度は、第2シードで迎えた夏も4強入り。しかし、代が変わると秋は初戦敗退。さらに監督2年目の春も初戦敗退、夏も2回戦で敗れてしまう。次の秋は3回戦で明豊に敗れ、翌2013年春も前年夏の甲子園に出場した杵築に、0－8で初戦コールド負けを喫している。

これで再び周囲が騒がしくなり始めたが、それでも渡邉監督は〝まだまだ運に見放されてはいない〟と信じていた。2012年に入学した天才左腕、笠谷俊介の存在があったからだ。その笠谷が2年生に進級した2013年には森下暢仁や川瀬晃も加わり、大分商は春の初戦を最後に夏の前哨戦にあたる県選手権、練習試合を通じて負けなし状態に突入したのだった。

勢いを加速させて迎えた夏の大分大会は、全5試合に登板した笠谷が準決勝で7者連続三振を奪うなど、投球回と同じ38個の三振を奪取する盤石のピッチングを披露。打線も5試合すべてでふたケタ安打を放ち、チーム打率・404で44得点を記録した。こうして、大会打率5割の笠谷を中心に投打が嚙み合った大分商は、16年ぶりに大分県の夏を制覇。渡邉監督はとうとう甲子園に辿り着いてしまったのである。

「軟式出身の渡邉に、いったい何ができるんだ?」という周囲の冷ややかな評価を覆したばかりか、後藤監督と交わした「3年で甲子園」という約束を、見事に果たしてみせたのだった。

甲子園では初戦で修徳(東東京)と対戦。大分商は、3回に2点を先制するも6回に逆転ツーランを喫し、結局2－8で試合終了。両チーム無失策という締まった試合も、最後は地力の差を見せつけられる形での完敗だった。渡邉監督にとっては、予想以上に厳しい甲子園の洗礼だったと言える。

「ただ、戸惑いの中で終わってしまった大会でしたね。本当にあっという間で、甲子園というものをほぼ感じることができないまま終わってしまいました」

しかし、試合の内容ははっきりと覚えている。あの試合は、頼みの笠谷が本調子とは程遠かった。大分大会を終えた時点で笠谷は肘と膝の痛みを発症しており、一度もブルペンに入らないまま甲子園の初戦を迎えた。そして「プレイボール！」の後に、初めて全力でボールを投げるという状況だったのである。しかし、笠谷はいきなり初球にこの試合の最速を投げた。それほどまでに気合は入っていたが、投げ込みができていなかったぶん暑さによるスタミナロスも大きかった。

「笠谷は苦しかったはずですが、冷静さを失ってはいませんでした。だから、私自身は笠谷のピッチングを、ずっと目に焼きつけようと思って見ていました。試合中は目の前で起きる様々なことが、スローモーションのように感じました。ただ、甲子園で試合をするからと気負いすぎて、練習量を極端に増やしたことは裏目に出ましたね。本当に強いチームは調整もじつに上手い。そういうところも勉強しました。試合はスローに感じたのに、とにかく本当にあっという間の甲子園でした」

２０２０年春には、渡邉監督にとっては初となるセンバツ出場を決めていたが、新型コロナのパンデミックによって大会は中止に。その年の夏に、センバツを奪われたチームや選手を救済するための「甲子園交流試合」が行われ、大分商は開幕戦で花咲徳栄（埼玉）と対戦して1－3で敗れた。渡邉監督の甲子園初勝利は、いまだ達成されていない。

新天地で巻き起こした上昇気流

甲子園に出場した2013年夏以降、渡邉監督が率いる大分商はすっかり大分県の上位ランカーに定着し、2019年まで1年おきに夏の大分大会決勝へと進んでいる。そして、渡邉監督を「甲子園監督」にしてくれた笠谷が2014年にプロ入りして以降、渡邉監督は2021年の三代祥貴まで7人のプロ野球選手を育てている。

2022年には、春の3位を置き土産に大分商を去り、佐伯鶴城の監督となった。そして、1年目から「プロ選手輩出請負人」としての手腕をいかんなく発揮し、古川雄大をドラフト2位という高評価で西武へと送り出したのだった。

大分県南部で宮崎県との境に位置する佐伯市は、県都・大分市とはまた違った雰囲気の地方都市だ。人間気質を見ても「人が温かく、優しい。ただ、あまり変化を求めない」(渡邉監督)。それが、佐伯市民の大きな特徴でもあるのだそうだ。

「ただし、私は最初から変化を求めました。当然、選手や保護者の中には、戸惑いを隠せなかった人も少なからずいましたよ。でも最近になって、ようやく選手たちがそれを受け入れてくれるようになり、変化のスピードに追いついてきました。そこまで1年半を要しましたが、私としては思ったよりも早かったなという印象です。大分商の時は、私自身に知識と経験がなかったために、私が求める土台を作り上げるのに少なくとも5年はかかりました。ところが、佐伯鶴城では以前の半分以下のスピードで達成できたのです。だから、ここから先は一気に流れていくと思いますよ」

そうまで言い切ってしまう自信の根拠も、この先の章であらためて検証していこうと思っている。

ここまで紹介したように、渡邉監督は人生に訪れた数多くのチャンスを見逃さず、確実にモノにしていく勝負強さと強運を発揮し続けているが、やはりそれを可能としているのは独特すぎる生い立ちに起因しているようだ。

「子供の頃から、まわりの人にさんざん迷惑をかけてきました。でも、そういう経験をたくさんしてきたからこそ、〝ここ!〟という場面でクソ根性も発揮できたし、切り替えも上手くできるようになったと思います。何より、人の思いにも気がつくようになりましたね。勝負師としては、そこが大きなプラスになっています」

実際に、佐伯鶴城では1年目から夏秋4強、2年目にも秋4強と、着実に県上位への進出を果たしている。2023年秋には、渡邉監督が声掛けをして入学してきた最初の世代で、さっそく県1年生大会を制した。さらに「自分も渡邉監督の指導を受けて、プロ野球選手になりたい」と希望する選手が続々と佐伯に集結しており、2023年10月には地元企業の支援によって寮が完成。2024年春には県外からも複数の選手が入学する予定だという。

早くも新天地で異彩を放つ渡邉監督が、地域を挙げての上昇ムードを創出しているかのようだ。

第二章

プロ野球選手となった教え子たち

「宇宙人と異質な才能」との出会い

守備の名手・源田壮亮

２０１４年以降、渡邉監督は９年間で８人の教え子をプロ野球の世界に送り込んでいる。都市部の強豪私学に選手が集中する中、地方の公立校がこれだけの高確率でプロ選手を輩出していること自体が奇跡と言っていいだろう。

この章では、渡邉監督のもとからプロの世界へと巣立っていった主な選手たちを紹介しながら、渡邉監督と彼らが歩んだ日々を振り返ってみようと思う。

大分商に転勤した２０１０年の春、渡邉監督が最初に出会った未来のプロ野球選手が、当時３年生の源田壮亮だった。厳密には転勤前の中津工部長時代から、源田のことはよく知っていた。中津工と大分商が合同合宿を行うなど、盛んに交流を行っていたからだ。まずは第一印象を振り返ってもらった。

「合同合宿をやっていた時から、良い選手だなと思っていました。ただ、２年生の時からレギュラーで出てはいましたが、とにかく線が細く打撃が弱かったので、大分商の中でも一番目立つ選手ではなかったと思います」

しかし、プロ2年目から6年連続でパ・リーグのゴールデングラブ賞に輝く名手だけに、当時から守備の動きは際立っていた。とくに目を引いたのは、柔軟なグラブさばきだったと渡邉監督は言う。

「ハンドリングは天才的なものを持っていました。グラブ操作が柔軟で、打球を包み込むように捕球しながら、素早い握り換えで球出しも速かったです。そのあたりは、小学校時代にプレーしていたソフトボールの経験が影響しているのでしょう」

源田はプロ7年間で160個の盗塁を記録し、2021年には盗塁王にも輝いた俊足の持ち主だが、当時はそこまで足が速かったわけではなく、守備範囲も特別広かったわけではない。肩の強さだけなら、源田以上の選手は何人もいた。しかし、ハンドリングの上手さ、柔らかさは頭ひとつどころか、ふたつも三つも抜けて際立っていた。

もうひとつ、源田の守備にはストロングポイントがあった。それは「一歩目の早さ」だという。

「投手のモーションに合わせて、結構早い段階からスタートを切っているんです。現在の源田も、シャッフルをかけて最初の一歩目を動いていきますよね。あの間が本当に絶妙でした。球種や打者の傾向を見ながら打球方向を予測してスタートを切るので、もちろん間違えることもあります。しかし、小さなステップワークを上手に入れながら、打球に入っていく形が崩れることはありませんでした。あれは天性のものだったと思います」

ただ、身体スペックがあまりに細すぎた。高校1年生の夏は166センチ、56キロ。身長は高校2年時に173センチ、3年夏には175センチと順調に伸びたが、最後の夏は体重が65キロである。

高校時代は、最終的に3番を打った。球を捉える技術はチームの中でもトップクラスだったが、決して長打を連発するタイプではない。初球からいきなりドラッグバントを仕掛けたり、走りながら打つスラップ打法を見せたり、外の球をちょこんと転がして内野安打にしたりというように、器用さで勝負する打者だった。そのあたりの感覚や打撃に対するスタイルも、ソフトボールで培われたものではないかと渡邉監督は見ている。

源田が見せた恐るべき伸びしろ

源田の高校3年時には、その守備力を高く評価するプロ球団もあったが、本人は

「九州以外の大学に行きたい」と進学を希望する。副部長だった渡邉監督は監督不在のチーム事情もあって、大慌てで進路を模索。当時持っていた数少ないパイプの中から愛知学院大を勧め、本人もこれを即決。こうして源田は、愛知大学野球連盟の雄・愛知学院大へ進み、1年秋から遊撃手のレギュラーに定着したのだった。

デビューシーズンでリーグ優勝に貢献した源田は、直後の明治神宮大会では準優勝。4年時には、主将として全日本大学選手権4強に貢献した。また、同年には大学日本代表候補にも選出されている。

その後は、社会人野球のトヨタ自動車へとステップアップを果たす。1年目から圧倒的な守備力を発揮して正遊撃手の座を摑んだ源田は、2年目の都市対抗野球で優勝。ついにアマチュア球界の頂点を極めたのだった。

その年のドラフトで、源田は西武から3位指名を受けてプロ入りを果たすわけだが、高校時代からの「守備は抜群だが、打撃は非力」という評価は、大学、社会人を通じて変わることはなかった。都市対抗で優勝したシーズンも、主に9番を打っていたほどだ。しかし、渡邉監督は「自分の生き方を変えなかったからこそ、プロまで行けたし、今の源田がある」と言い切るのである。

「〝自分はこれで生きていく〟という信念のもとで野球に打ち込む。それは高校時代から何も変わっていません。守備に関しては、高校の時点でプロレベルに達していました。本人も『守備こそが源田壮亮というプレーヤーの生命線だ』と公言しています。となると、やはり課題は打撃面にありました。普通であれば、源田ほどの守備力がベースにあるなら、大学や社会人でウイークポイントの強化に集中すると思うんです。もちろん、そこを疎かにしていたわけではありませんが、それでも第一に守備を磨き続けたこだわりが源田らしいと思います。聞くところによると、トヨタ時代に打撃面で求められていたのは逆方向打ちだったので、源田は三遊間に打つ練習ばかりしていたそうです。そういう部分においても、源田は信念が強かったんですよね」

プロでは1年目から全試合に出場し、パ・リーグ新人王に輝いた。なお、新人遊撃手の全試合出場は、プロ野球史上初の快挙である。課題とされた打撃でもシーズン155安打を放ち、打率・270と期待以上の成績を残した。安打数、三塁打数、盗塁数で球団新記録を塗り替える圧巻のパフォーマンスだった。前年まで社会人で9番を打っていた打者の大ブレークの要因を、渡邉監督は次のように解説した。

「まず、入団したタイミングが良かったですよね。ちょうど2018、19年のリーグ連覇に向かっていく過程で〝山賊打線〟と呼ばれたチームは、長距離砲が並ぶ攻撃的スタイルが固定されてきた時期でした。チーム全体が『とにかく振れ』という雰囲気の中に、源田が入っていったのです。内野のファウルフライが多かったシーズン序盤に、当時のコーチから『なんで思い切ってバットを振らないいんだ？　もっと引っ張ればいいじゃないか』と言われたそうなんです。その時に初めて〝あぁ、自分も振っていいんだな〟、〝インコースは引っ張ってもいいんだな〟という感覚が芽生えたと言っていました」

それ以前はインコースを振っていなかっただけで、決して打てなかったわけではない。そして、積極的に振ることによって、さらにインコースが打てるようになっていった。そこに、プロ野球選手としての源田の凄みがあると渡邉監督は言うのである。

「他の選手は振って振って、振りまくった結果プロになっていると思うんですけど、源田の場合はプロに入って初めて『振っていい』と言われ、少年のように振る喜びも初めて知りました。そして、いきなり結果を残してしまったのです。その点、他の選手よりも多くの伸びしろを残してのプロ入りだったのかもしれません」

宇宙人・笠谷俊介の出現

「プロに行った子たちは、みんないい意味で自由人でした。なんといっても、私自身が自由人なので、感性の部分で共感できる子が多かったです」

と言う渡邉監督だが、その中でもとくに「同じ宇宙人同士、妙に波長が合った」のが、2014年のドラフトでソフトバンクから4位指名を受けて入団した笠谷俊介である。監督として初めて甲子園に出場した2013年夏のエースだったこともあり、渡邉監督にとってはもっとも思い入れのある選手のひとりだ。

中学時代の笠谷は、大分市内の七瀬ボーイズで左のエース格だったものの、実質は2番手に留まっていた。大分商に入学してきた時も身長160センチ、体重52キロほどの一見どこにでもいる新入生に過ぎなかった。しかし、内面から滲み出る自信を隠すことができず、数々の言動で指導者やチームメイトを困惑させ続けたのである。

「入学式前から練習には来ていましたが、試合には4月の入学式を終えないとデビューできません。笠谷の時は4月8日が入学式で、翌日の9日には5月に行われる県選手権の大分市内支部予選が予定されていました。笠谷は、入学式の前から『9日に僕を使ってくれませんか?』と私に言ってくるのです。〝なんだ、こいつは?〟と思いましたが〝ギラギラ感〟がすごく〝こんなに目が生きている人間がいるのか〟と、むしろ感心してしまいました。それまでに私が扱ったことのないタイプの人間だったので、つい『よし、分かった』と言ってメンバーに入れました。追加登録した時には〝どんな選手なんだろう? どんなプレーをするのかな?〟と、もう楽しみでしかなかったです」

渡邉監督が〝なんだ、こいつは?〟と思うぐらいだから、笠谷も〝よほどの1年生〟だったのだろう。最初は右翼手としてノックに入れた。すると、中学を卒業したばかりの笠谷は「おい、ノッカー!」、「打ってこい、ノッカー!」と渡邉監督を挑発し続け、打球を捕ると渡邉監督の左ひざ半月板あたりを目掛けて、全力投球で返してくるのである。〝俺のボールを見てくれ〟と言わんばかりの、本当に地を這うようなボールだったと渡邉監督は振り返る。

「ほとんどのボールが半月板の高さに来るのですから、明らかに狙っていましたね。おそらく〝当たってしまえ!〟ぐらいの気持ちだったと思いますよ。そして、びっくりする僕の顔を見ながら『ウォラァ!』とガッツポーズをしながら戻ってくるんです。

とくに4月9日の試合前ノックですね。笠谷が投げたストライク返球は、その場で見ていた人たちがざわついたことを覚えています。それぐらい強く、思いの乗ったボールでした。私は〝これはもう1年生じゃないな〟と思い、早々に投げさせようと決めました」

1年坊主の直訴「僕をエースにしてください」

初めて高校野球のマウンドに上げた1週間後、当時のエースだった主将と何事かを喋っている笠谷の姿があった。やがて、その主将が怪訝そうな顔を浮かべて渡邉監督のところへやってきて「監督、笠谷が『僕に背番号1をください』と言っています」と言うのである。人間とは、過去に言われたことがないことを言われると、戸惑って何も言えなくなってしまうものらしい。ましてや、高校3年生とはいえ人生経験の浅い未成年だ。主将は笠谷の言葉に固まってしまい、何も対応できなくなってしまったと言うのだ。

その後、笠谷本人が渡邉監督にこう言い放ったという。

「甲子園に行きたいのなら、僕をエースにしてください。僕だったら行けます。僕は甲子園に出て、高卒でプロに行くために大分商に来たんです」

さすがの渡邉監督も、目を白黒させるしかなかった。〝なんや、こいつ〟と思ったが、そこで「よし、分かった」と言う渡邉監督も渡邉監督である。

「その時に、笠谷中心のチームを作っていかないといけないな、と思いましたね。彼には『分かった。これから夏までの間は、練習試合の1試合目にすべてお前を投げさせる。その代わり、変な投球は許さんぞ』と条件を出しました。エースだった主将は『どうしてですか?』と突っかかってきましたが、笠谷に賭けてみようと腹を括った私も『笠谷がそこまで言っているから、投げさせる』と、頑なに考えを曲げようとはしませんでした」

夏前の関西遠征でも、渡邉監督は信じられない光景を目の当たりにする。帰りのフェリー船内の食堂で、3年生の保護者を前にひとり立っていたのは1年生の笠谷だった。そして、その1年坊主がよりにもよって「僕に任せてください。甲子園に行きたいのなら、僕をエースとして投げさせてください」と訴えていたのである。結果、笠谷の〝演説〟を聞いた3年生の保護者が納得して「監督、もう笠谷で行きましょう」と渡邉監督に進言してきたのだという。

実際に、笠谷は1敗もせずに夏の大会を迎えた。最後の練習試合の相手は、大型左腕・笠原大芽（元ソフトバンク）を擁する福岡工大城東だった。当時の笠原は185センチの長身から最速145キロを投げ、同期の大谷翔平（花巻東）、藤浪晋太郎（大阪桐蔭）、濱田達郎（愛工大名電）といったのちにプロ入りする「BIG3」とともに、雑誌の表紙を飾るほどの注目投手だった。

渡邉監督はその笠原に2学年下の笠谷をぶつけ、鼻っ柱をへし折ってやろうと思った。しかし、渡邉監督が「ラスト登板は笠原と投げ合え。できるか?」と聞くと、笠谷は「勝ちます!」と即答するのである。笠原は途中で降板したが、最後まで球のキレを失わなかった笠谷は完投し、試合も1－0で大分商が勝利した。これで、チームの誰もが「エースは笠谷だ」と納得し、大分商では初となる背番号1を付けた1年生エースが誕生したのだった。

大分商のすべてを背負い、大分商を変えた笠谷

笠谷をエースに立てたことに対して、OBからは「あの岡崎郁さんでさえも、最初

にもらった背番号はふたケタだった。1年生に1番を渡すとはどういうことか！」と結構な数の苦情が来た。しかし、そうした声も渡邉監督の燃えたぎった心に油を注ぐようなものである。「だったら、4番も1年にしてしまえ」と、打線の顔である4番打者も1年生に変更してしまった。渡邉監督曰く「4番は宇宙人ではなかった」が、これから笠谷ひとりに向けられるであろう批判の矛先を、少しでも分散させようと配慮した抜擢でもあった。

「もちろん、笠谷のためだけではありません。4番の後藤瞭介は、大分商で4番を打つだけの打撃力を持った打者でした。1年生が4番でひとケタ番号では、大分商の伝統をあまりにもぶっ壊しすぎるかなとも思いましたが、私の場合は投手に1番を打たせるなど、最初の段階からぶっ壊してしまっていたので、そこは気にしないようにしていました。むしろ、大分商の今後と笠谷の未来のことを考えれば、私が〝究極の文句〟を言われてもいいとさえ思いましたね」

笠谷をエースに抜擢したことで、チーム内の雰囲気がおかしくなりかけたこともあったが、そういう時は笠谷が自身の歯車を逆回転させて、周囲に合わせようとした。練習試合で前エースの主将を投げさせると、初回から4点、5点取られてしまう試合が続いた。気がつけば、主将としての威厳をなかなか発揮できなくなっていたのだった。そういう苦しい状況を、ベンチスタートの笠谷が見かねて「監督、僕を代打に出してください。ちょっと点を取ってくるので」と訴えてきた。そして代打に送ると、いきなり初球をホームラン。このように、誰かが困っていれば自分が救おうと行動し、ことごとく結果を残していくのが笠谷だったのである。

そういった姿を見て、渡邉監督は〝もうすべてを笠谷に任せよう〟と思った。〝このチームは監督発信で導くよりも、笠谷のやりたいようにさせた方が絶対に良い方向へと進んでいくだろう。

笠谷の1年夏は、2回戦で優勝候補の藤蔭に敗れた。この試合で笠谷は先発し、5安打2失点と好投したが、打線が6安打0点と沈黙。1年生エースは実力の片りんを見せたが、0－2という結果に対しては想像以上の〝究極の文句〟を浴びせられてしまった。

しかし、2年に進級した笠谷は押しも押されもせぬ不動のエースとなり、チームを16年ぶりの甲子園へと導く立役者となった。結果的に「笠谷にすべてを任せよう」とした渡邉監督の判断は、吉と出たのである。

「笠谷は『テストの点が足りないから、放課後に残って補習を受けろ』と言われても『僕には大事な目標があるので、そんな時間はありません。だったら、昼休みに補習を受けてはダメですか？』ということを平気で言う子でした。そして、笠谷だけは昼休みに補習を受けることになったのです。やがて、笠谷だけでなく他の生徒も昼休みに勉強をするようになりました。そういう意味でも、笠谷が野球部にもたらしてくれた効果は大きかったです」

笠谷の甲子園出場は、2年夏の一度きりに終わったが、キレ味に満ちた最速143キロの直球とスライダー、カーブ、チェンジアップ、カットボールを駆使した抜群の投球センスが評価され、2014年のドラフト4位でソフトバンク入り。先発も中継ぎもこなせる貴重なサウスポーとして、現在に至っている。

常々「高卒でプロに行く」と公言していた笠谷は、高校野球を引退した後、自ら同郷の先輩にあたるソフトバンクの甲斐拓也に電話をかけ、2時間ぐらい相談に乗ってもらっていたという。初めてプロ野球選手に電話して、2時間も話し込む神経の太さも笠谷ならではと言っていいだろう。

「本当に可愛くて仕方がない子なんです。テレビで見ていても、一番ドキドキ心配しながら見ているのは笠谷ですよ。それぐらい、笠谷に対する思いは強いものがありました」

プロに進むふたりの同級生、川瀬晃と森下暢仁

笠谷が2年の時に入学してきたのが、地元の中学球界で名を馳せた川瀬晃と森下暢仁である。川瀬は大分市立賀来小中学校の軟式野球部で、森下も大分市内の大東中軟式野球部でプレーした。川瀬は投手・遊撃手を兼ねた野球センスの塊で、森下も投手と野手全般を広く兼任しながら、中学3年時には九州大会で優勝して全国にも出場した実績がある。両者は大分商に進学すると、いずれも1年夏に甲子園メンバーに名を連ねている。

入学当初からライバルとして競い合ってきたふたりだが、投手としてのこだわりが強かったのは川瀬の方だった。

「川瀬が投げれば森下が遊撃手、森下が投げる時は川瀬が遊撃手というふうに、両者のポジションを入れ替えながら使っていきました。ただ、川瀬の方が明らかに〝投げたいオーラ〟を出していましたね。それに〝投手として絶対に負けたくない〟と露骨に闘争心を剝き出しにしていたのも川瀬で、森下は〝遊撃手をやりながら投手をやれ

ばいいかな〟ぐらいの気持ちだったと思います。だから、2勝4敗に終わった1年生大会も、2勝は川瀬が挙げたもので、4敗はすべて森下でした」

エースの笠谷も、川瀬と森下の入学直後から「このふたりを僕の練習に入れてください」と渡邉監督に訴え、両者を引き連れてランや遠投といった投手メニューを行うようになった。ただ、笠谷にだけは、ふたりの「進む道」がはっきりと見えていたようなのだ。

笠谷が2年、川瀬と森下が1年だった2013年秋。のちにプロ野球選手となる〝3投手〟が名を連ねる大分商に、夏に続く甲子園を狙う最大のチャンスが訪れる。

秋の大分大会は、エース笠谷の連投で順調に決勝進出。これでひとまず、九州大会への出場は決めた。しかし、大分大会決勝の朝に笠谷が渡邉監督のところにやってきて「監督、今日は僕、回避で」と衝撃のひと言を発するのである。

「〝まさか故障したんじゃないだろうな〟と思って理由を聞くと『今日の僕は調子が良くないので、森下で行ってください』と言うんです。〝ここに来て、こいつはまた何を言い出すんだ〟と思いましたが、直感型の私も笠谷の直感を信じて森下に先発を命じました。しかし、さすがの森下も心と体の準備が万全ではなかったのでしょう。結果は準優勝に終わり、2位代表として沖縄で行われる九州大会へ行くことになりました。笠谷は『でも、こうやって森下に経験を積ませることができたんですから、監督としても良かったんじゃないですか』と笑っていましたけどね」

九州大会では各県1位と2位が初戦で当たるため、大分商は地元の1位校・美里工と戦うこととなり、0－1で初戦敗退。満を持して登板した笠谷は相手打線を5安打に抑えたが、初回に自らの牽制悪送球が絡んで1点を失い、打線の援護もないままゲームセット。2季連続での甲子園出場が絶たれてしまった。

「結果的に甲子園は逃しましたが、川瀬と森下の争いにひとつの答えが出た秋でもありました。笠谷の後継は、川瀬ではなく森下だったのです。当時は同じぐらいの力量で、内容を見ても完全に横一線の状態だったはずなのに、その頃から、笠谷の見立てどおりに森下が突き抜けていきました」

エース争いに終止符が打たれた日

夏を目前に控えた当時2年の森下が、練習中に遊撃手を務めていた時のことである。三遊間寄りの打球に追いついた森下が、そこからステップして一塁に凄まじい球を投げた。その送球は一塁手の顔付近へのストライク送球だったが、一塁手はこれを弾いて後逸してしまったのである。

「本当に糸を引くような美しい送球で、それなのに一塁手が捕れない。それだけ森下の送球が力強く、ホップするような球筋になってきたのです」

その頃はまだ、投手としてのスキルでは川瀬が先行しており、テイクバックが大きい森下の投げ方には、プロのスカウトから「あれは矯正させた方がいい」という声が出るほど、賛否両論があった時期だ。しかし、渡邉監督は遊撃手として見せた一塁への送球に、投手としての底知れぬ可能性を感じたのである。「お前、最近すごいな」と声を掛けると、森下は「上（半身）と下が合うようになってきました」と返した。それを聞いた渡邉監督が森下をブルペンで投げさせてみると、本当にホップするような剛球が捕手のミットをも弾くようになっていたのだという。

2年秋に、川瀬も森下も最速が142キロに達した。先に記録したのは森下の方だった。しかし、川瀬も川瀬で、森下から遅れることわずか1週間で、森下に並ぶ142キロを計測したのである。

「川瀬は意地で同じ球速まで持ってきましたが、やはり無理をしていたというか、それが川瀬の目一杯だったのです。そこに持っていくまでに、精一杯の力を出し切った川瀬と、余力を残しながら一瞬のうちに突き抜けていった森下。ここで、完全に森下が先行しました。私自身は、これでエース争いに決着がついたと実感しました」

冬季練習期間に入る頃、森下以上に投手へのこだわりが強かった川瀬から「監督、自分はどうなんですか？」と直接質問をぶつけられた渡邉監督は「ピッチャーは森下」とはっきり通達したという。もちろん、川瀬は不満たらたらで戻っていったが、実際に投手としての実力は広がる一方だった。

3年の春を迎える前、渡邉監督は川瀬だけを呼んで「どうしたいんだ？」と尋ねたところ、川瀬は「プロに行きたいです」と即答した。そこで、両者はこんな会話を交わしている。

「監督、今の自分には何が足りないのですか？」

「足りないものが多すぎる。投手として評価している球団は、正直今の時点でひとつもない。でも、ひとつだけプロの目に留まる可能性があるとするなら、今この瞬間に遊撃手として生きていくと決断することだ。もうこれ以上、投手・森下を追ってはいけない。その決断ができるのであれば、可能性は出てくるぞ」

渡邉監督の言葉を泣きながら聞いていた川瀬は、その翌日に「遊撃手一本で行きます！」と宣言した。そこから川瀬を、1番・遊撃手に固定した。それまでのように、練習試合の2試合目に投げさせることもなくなり、下の学年の投手を起用するようになった。

「3年春以降は、一度も川瀬をマウンドには上げていないと思います。チームにとっては、森下の2番手に投手・川瀬がいなくなるのは大打撃です。でも、川瀬がプロ野球選手になるためには、投手を100％諦めさせることが大事だと思いました。それに自ら苦しい決断をして『そこへ向けて頑張ります』と言っている男に『やっぱりチーム事情が苦しくなるから、もう一度投げてくれ』とは言えないですよ」

そんな川瀬の覚悟を知っているからこそ、森下はエースの自我に目覚め、投手として完全に独り立ちした。ふたりにとっての高校最後の夏は、大分大会準優勝に終わったが、川瀬はその年のドラフトでソフトバンクから6位で指名され、念願のプロ野球選手となる。一方の森下は高校日本代表に選ばれ、進学した明大では4年時に全日本大学野球選手権優勝、5度の大学日本代表入りを果たした。そして2019年、ドラフト1位という最高評価で広島に入団。その後の活躍はご存じのとおりだ。

「笑顔の宇宙人」川瀬堅斗

２０１８年になると、１８１センチ、78キロという恵まれた体格を誇る右本格派投手が入学してくる。川瀬晃の弟、川瀬堅斗である。兄の在学中からたびたび大分商のグラウンドに顔を出していたため、渡邉監督も小学校の頃から彼のことはよく知っていた。高校入学前に交通事故で頭蓋骨骨折という大怪我を負い、生死の境をさまよった川瀬弟だが、高校1年夏には早くもメンバー入り。大分大会では、当時「九州最強」と呼ばれた明豊3年の強打者・濱田太貴（ヤクルト）を最速１４１キロの直球で空振り三振に打ち取り、華々しい高校野球デビューを飾っている。

2年夏には、明豊を破り大分県で準優勝。主将となった同年秋には九州大会で準優勝して２０２０年のセンバツ出場を決めるも、大会は新型コロナのパンデミックによって中止に。しかし、夏に行なわれた甲子園交流試合では、花咲徳栄との開幕試合に登板。8回3失点で敗戦投手となったが、試合前には花咲徳栄主将の井上朋也（ソフトバンク）とともに選手宣誓に登場し、大きな注目を集めた。その年、ドラフトで育成1位指名を受けてオリックスへ。現在は12球団屈指の投手王国で、支配下昇格に向けて奮闘する日々を送っている。

川瀬堅斗は野球選手としての実力以上に、とにかく笑顔の印象が強い。いついかなる状況でも、屈託のない笑顔で周囲に明るさを振り撒いていた。一方で「彼も私や笠谷と同じ宇宙人キャラだったと思います」と渡邉監督が言うように「入学式の最中、ずっと後ろを向いて手を振っていた」、「授業中、全教室の前で手を振りながらトイレに行き、手を振りながら戻ってくる」といった〝奇怪な〟行動の数々も耳にしていた。そういうこともあってか、学校の中には川瀬弟を〝問題児〟扱いする先生もいたという。それでも生徒間の人気は抜群だったらしく、私自身も彼の個性は大好きだった。

「堅斗は『これを言いなさい』、『これを覚えなさい』と言われると混乱してしまうところがありましたが、自分が思ったことを伝える能力はずば抜けて高かったです。自分の感覚で物を喋らせたら、すごく機転も利くしどんな大人とも会話が成立していました」

たしかに、渡邉監督の証言どおりの少年なのである。取材における会話の流暢さや機転の利き方だけなら、先輩の笠谷や森下の高校時代より断然上だっただろう。

「私が〝こいつに声を掛けてほしいな〟とか、これからチームを作っていくうえで

〝この子は何を考えているのかな？〟と気になっている選手に、私が何を言わなくても主将の堅斗が声掛けをしてくれていました。ぴったり共感してくれているんです。そのあたりは、私と似た感覚を持っているのかもしれません」

誰ひとり野球を嫌いにさせなかった主将

選手としての川瀬弟は、投手でありながら5番を打つなど打撃も良かった。中学時代に遊撃手でプレーしていたこともあって、野手としてのセンスも磨かれていたのだろう。しかし、高校入学後は、事故の影響で頭部への死球をもらうことを絶対に避けなければならなかったため、2年までは打撃練習もままならなかった。

投手・川瀬堅斗の高校時代の最速は148キロ。カーブ、スライダー、2種類のチェンジアップを駆使する器用さもあった。一方で、ピンチの場面になるとたちまちトップギアに入れ、かなりの高確率で三振を奪って戻ってくる姿もたびたび見られた。それぐらい、瞬間出力の大きな投手だったのである。

しかし、渡邉監督がもっとも評価している点は、人間としての〝優しさ〟である。

後輩に対しては、とてつもなく優しい男だったという。

「彼の一番の功績は、試合に出られない子供たちに声を掛け続け、最後まで野球を嫌いにさせなかったことですね。それぐらい面倒見は良かったです。〝ちょっとウチでは試合に出られないかな〟という部員ほど、堅斗は『よし、キャッチボールをするぞ！』、『ちょっとブルペンでボールを受けて』と声を掛けていましたし、練習でも必ず連れ回していました。そうやって、どんな子にも必ず居場所を作ってあげていたのです。面倒を見てもらっている後輩たちも〝野球をするのが楽しい〟と、いつも言っていましたよ。主将の堅斗が後輩を可愛がっている以上、他の者も後輩を大切にしないわけにはいきません。そういう意味では、川瀬堅斗は組織作りの名人でもあったのです」

また、ガツガツしがちな野球部の雰囲気を、持ち前の明るいキャラクターで次々に崩していった。川瀬弟はひとりひとりに明確な役割を与え、仲間をリラックスさせ続けたのだという。試合中は常に「お前、良かったぞ」という声掛けを行った。「お前は、監督から指示されたバントを確実に決めるだけでいい。それ以上のことは望まなくていいから」、「力以上のものを出す必要はない。ただ、持っている力は最大限に出してくれ」と言って、チームメイトを鼓舞し続けたのである。一方で「それはダメ」ということも平気で言える主将でもあった。

コロナで日本中が泣いた高校3年夏も、川瀬弟は「最後に甲子園で野球ができる俺たちはラッキーじゃん！」と、笑顔で仲間を盛り上げ続けた。

「じつは甲子園交流試合の開会式の前に、堅斗が急に姿をくらましてしまったんですよ。みんなで探したら、球場の中の真っ暗な場所でブツブツ言いながら、選手宣誓を練習していました。それを見た瞬間に〝あぁ、これで今日の試合は立ち上がりから苦しむぞ〟と思いましたね。そして、選手宣誓をひと言も間違えずに言えたので、余計に安心してしまったのでしょう」

甲子園交流試合の花咲徳栄戦は、渡邉監督の読みどおり川瀬弟が初回から3連続四死球と制球が定まらず、いきなり3点を献上。大分商は6回に1点を返したものの、試合はそのまま1－3で決着した。

2020年秋のドラフト会議が終わって数日が経ったある日、グラウンドで笑い合う渡邉監督と川瀬堅斗の姿があった。

「頑張って摑んだ甲子園がなくなったり〝上位指名だ！〟と思っていたプロの世界に育成で入ったり……。そういう人生だけど、悪くはないだろう」

「そうですね。それも僕らしいし、監督らしいじゃないですか」

渡邉監督にとっては、「本当の我が子」のような教え子だった。

第三章

原石たちが覚醒した瞬間

プロ野球選手をいかにして育てたか

教え子をプロ野球選手にする「三つの大前提」

そもそも渡邉監督はなぜ、これほど毎年のようにプロ野球選手を輩出できるのだろうか。この章では、渡邉監督がプロ入りした教え子に施した数々の指導、接し方を取り上げながら、その秘密に迫ってみることにしよう。

公立を代表する稀代の「ドラフト名人」は、まず三つの大前提があると説明する。

「ひとつは巡り合わせ。そして、選手が成長するタイミングを逃さないこと。さらに、高校3年の間にピークを持ってこさせないことです」

プロ野球選手になれるだけの能力、あるいはポテンシャルを備えた選手と出会うには、運も必要になってくる。渡邉監督のように、毎年続けてプロ野球選手を送り出している監督のもとへは、自ずと「自分もプロ野球選手になりたい」という夢を抱いた選手が集まってくると思われがちだ。たしかに、そういう希望を持って入ってくる選手も多いが、実際はトップレベルの選手ばかりが集まっているわけではない。

とくに大分県のような地方の場合、誰もが「この子は数年後のドラフト候補だ」と認める逸材は、かなりの確率で都市部の強豪校に進学していくのである。したがって「間違いなくプロ」と言われるような選手との出会いは、かなり確率が低いと言わざるを得ない。「むしろ私のチームよりも、他校の方が〝プロに行けそうだな〟と思う選手はたくさんいますよ」という渡邉監督の言葉が、まさに地方公立高校の現実を物語っているのだ。

また、転勤後のわずか3か月のみ指導した源田壮亮や古川雄大のように、短期間で師弟関係となった者がプロに行くこともあれば、プロ入りを期待して2年間指導した選手と、3年目には別れなければならない。そんな状況も、公立校の場合は充分に考えられるだろう。だから、渡邉監督は「巡り合わせという運は不可欠」と言うのだ。

渡邉監督は「高校生には必ず才能が開花する瞬間がある」とも言う。それも、プロに行くような選手は開花の仕方が大きく、開花後のパフォーマンスが著しい向上を遂げるのだという。

「指導者って、選手が開花する瞬間に立ち会うために、誰よりも近くで指導しているのではないでしょうか。その瞬間、そして花開こうとする瞬間の力を見逃してはいけません。ただ、チーム全体を見ていると、個人のそうした瞬間を見落とすことがあるので注意が必要です」

そして、選手のピークについての考え方だ。選手の能力は人それぞれで、たとえ名門校のレギュラーであったとしても、さらに上の世界で野球を続けるとはかぎらない。高校で競技としての野球を引退する者もいるだろう。

「選手はみんな各自エンジンを積んでいます。高校で終わる子は、最後にそのエンジンを思い切り噴かせてあげることで、華々しく高校野球を終わらせることができます。逆に、プロに行くような選手は、ここでエンジンを噴かさなきゃいけないという時が必ず訪れます。そこでエンジンの回転数を上げる方法やタイミングは、自分なりに掴んでいるつもりです。ただ、スキルが高いからといって、エンジンを噴かせすぎてはいけません。上のステージで野球を続けようとしている選手は、エンジンを故障させずに次のカテゴリーに送り出すことが大切だといえます。つまり、伸びしろを残した状態で高校野球を終わらせてあげることが、何よりも重要なんです」

コミュニケーション能力がなければ大成しない

また、高校よりも上の世界で野球を続ける教え子たちには、ある共通点があるという。それが「コミュニケーション能力」だ。

「私の教え子には、大学やプロに行って、コミュニケーションで苦労する子が不思議といないんですよ。先輩の懐に入っていくのが上手なので、野球の技術に関係なく、どんな環境にも順応していけるのです。みんなそれぞれ性格は違うのですが、とくに源田はそのへんの能力がずば抜けていました。素の自分を曝け出して入っていくので、人から可愛がってもらえるようなところがありましたね」

プロのスカウトなどから「本当に渡邉監督のところの選手は、生き方が上手いですね」と言われることもある。一方で、プロに行くほどの選手ではなくても、気づかいができて、いろんな人間関係にも順応できれば、野球人として大きな成功を手にすることもできる。大分商時代の教え子で、國學院大で2022年度の主将を務めた古江空知が最たる例だと渡邉監督は言う。「私が常に求めている、機転が利くという意味では、古江ほどの子はいなかったかもしれない」とも語っている。

学業の成績や野球の能力が足りなかったとしても、人間は、人の痛みを理解できれば何事も大丈夫だと渡邉監督は言う。しかし、すべてを同じレベルに引き上げて、一列に並べようとするから、いろんなところで上手くいかなくなってしまい、子供たちは大して育っていない状態のまま卒業してしまうのだ。30人いたら、30通りの個性がある。一緒くたにする必要はない、というのが渡邉監督の揺るがぬ持論である。

「その考え方に則した指導は、誰にも負けていません。多くの教え子が『ちゃんと高校時代に教えていただいた』と言ってくれるし、いろんな場所でそういうことが言えるのも、ひとつのコミュニケーション能力ですからね。そこをモノにしてくれたからこそ、プロに行って活躍したり、大学に行って主将を任されたりする選手が多いのだと思います」

さらに「野球を続ける選手は、伸びしろを残して次の世界へ送り出す」ことを信条としているだけに、渡邉監督は選手に完璧を求めない。多少なりとも上手くいかない状態のままで次のカテゴリーに送ってあげると、選手としても人間としても一番成長するのだという。だから、渡邉監督は選手に「どんどん失敗をしろ」と言うし「できないのにできたような顔をするな。できたつもりでいるな」と言い続けるのである。

「それを理解してくれるようになれば〝そういえば、高校の時に監督がこれを言っていたな〟と卒業後に気がついてくれて『あの時は失敗しそうになりましたけど、なんとか踏み留まることができました』という言葉が自然発生で出てくるようになるんです。そして、そういう素直さを持った子の方が、絶対に上手くいきます」

技術的なアドバイスは二の次で「むしろ、ほとんどしたことがない」と言う渡邉監督だが、このような人との関わり方を前提とした人間性は、とくに「プロに行きたい」と言う選手には徹底して言い続けている。

プロ志望の選手にこそ役職を与えよ

プロ野球選手になるための絶対条件は、まず「野球が好きである」ということだ。本物の野球小僧でなければ、プロには辿り着けないだろう。

しかし、プロ野球選手になるということは、野球が職業になるということでもある。いずれは体の異変とともに、大好きだった野球が嫌いになる瞬間が訪れるかもしれない。そこに耐えうるだけの精神論は、徹底的に植えつけていなければならない。

そのためには、やはり自覚と責任を持たせることが一番だ。そこで渡邉監督は「プロ野球選手になりたい」という選手には、チーム内の重要ポストを与えるようにしている。たしかにプロ入りした教え子を見てみると、笠谷俊介、川瀬兄弟、三代祥貴が主将経験者だ。

「ポジションを与えて、その中で自由にさせています。〝放牧〟ですね。私が許容できる範囲は広いので、その牧場は他の指導者さんよりもはるかに広いと思いますよ。ただ、広いとはいっても柵はあります。そして、柵には有刺鉄線を巻いているし、電流も流しているので、それを乗り越えようとすると激しい刺激を受けてしまいます。でも実際には、なかなかその柵に手をかけるところまで行き着いた者もいませんけどね」

ただ、笠谷と川瀬弟は負担が大きいとされる〝投手キャプテン〟である。それでも、ふたりは渡邉監督が求める主将像に合致していた。

「私は、自己中心的な選手ほど主将にするべきだと思っています。まず、野球小僧としての情熱が違いますから。もちろん、少しずつ修正はしていきますが、ワンマンなチームになる可能性もあるので賭けの要素も大きいし、苦労も絶えません。しかし、そういう選手が主将という役職を務めることで、チームは上向いていくことが多いのです」

笠谷は試合中に渡邉監督からの伝令を拒否し、上級生捕手がタイムを取ってマウンドに行こうとしても「来るな」と平気で言えてしまう男だった。2年の夏が終わり最上級生になった時、最初にグラウンドで練習の指示を出していたのは、渡邉監督ではなく笠谷だった。驚いた渡邉監督が「おい、笠谷。お前、いったい何をしているの？」と聞くと、何食わぬ顔で「僕がキャプテンなので」と言ってのけたという。渡邉監督自身も「本来であれば、そんな態度を取る選手は、もっとも主将にそぐわない」と思っているが、それでも笠谷以外の選択肢はなかったと言うのである。

「笠谷に物を言える人間がいなかったんですよ。2年夏にはエースとして甲子園にも行きました。そうやって、常に有言実行で結果を残し続けてきたのが笠谷だったので」

川瀬弟を主将に指名したのも、笠谷の時とほぼ同じ理由だった。一方で、キャプテンシーが強すぎる者は、まわりに気をつかいすぎる傾向にある。経験上それを実感しているだけに、渡邉監督は「誰よりも野球小僧で、チーム内の実力ナンバーワン」を主将に任命するのだ。

渡邉探偵、東京で森下を尾行

森下が才能を開花させた瞬間については、先述のとおりだ。笠谷に続くエース争いを川瀬晃と繰り広げる中、遊撃手としてのプレーの中で見せた一瞬の爆発力を見逃さなかったことが、投手・森下の大成功に繋がったのである。

また、渡邉監督はいったん「この代はこの男が中心だ！」と思えば、とことんまでその選手を知り尽くそうとする。まさに森下がそうだった。そして、その執着心があったからこそ、森下が開花する瞬間を捉えることができたと言ってもいいだろう。

渡邉監督のやり方は、とにかく徹底している。

「私は森下のクラス担任をしていましたが、長い教員生活の中で初めて実態が見えなかった生徒が森下でした。彼は常に淡々とやる子で、自分の本性をなかなか表に出そうとしないのです。いったい、どこで努力をしているんだろう。ひょっとすると、普段の友達付き合いの中に、森下の人間性を知るヒントが隠されているのかもしれない。そう思った私は、森下のことをより深く知りたくて、修学旅行で東京都内を自主研修している彼を、こっそり尾行しようと思い立ったのです」

その時の記憶は、今でも鮮明に残っている。9時23分、森下はＪＲ新浦安駅から東京方面に向かう京葉線に乗車する。同時に渡邉監督も森下から1両離れた車両に乗車し、尾行大作戦を開始した。

とにかく、森下のことをもっと知りたい。渡邉監督は気づかれないように、遠くからすべての動きを観察した。森下がどこの駅で降りるのか。渋谷のスクランブル交差点をどのように歩いていくのか。誰と合流するのか。そこに彼女が現れるのか。女の子が現れた時に、果たしてどういう行動を取るのか。電車内に空いている座席があると、強引に座ろうとするのか。または、吊革に摑まるのか。〝やっぱり吊革かよ〟とぶつくさツッコミを入れながら、ひたすら尾行を続ける。

森下が振り返りそうになったら、慌てて物陰に隠れるなどして、順調に尾行していた渡邉監督だが、ついに渋谷の人込みの中で森下を見失ってしまう。〝どうしよう。草の根を分けてでも探し出すか？〟と考えていると、目の前にグループで行動しているはずの森下が、たったひとりで立っているのである。

「先生、何をしているんですか？」

「あぁ、ちょっとな……。お前こそ何してるの？」

「ちょっとブラッとしています」

「あ、そう。気を付けてね」

そんなわけの分からない会話を交わしたあと、渡邉監督はその足で洋服店に直行し、新しいスーツとロング丈のコートを新調したのである。その日着ていたスーツを森下に見られてしまったためだ。その後、森下らは築地に行き野球部の生徒と合流した。もちろん渡邉監督も築地まで尾行し、野球部員にバレないように食事をしながら森下の動向を探り続けたという。

「我ながら、完全なる異常行動だと思います。教員としてはやってはいけないことだと思いますが、私に与えられている自由な時間でもあったので、ドキドキしながらひとりで尾行していました。もともと分からないことがあれば、分からないままにしておけない性分なんです。また、そこまでのめり込まなければ、選手の〝一瞬〟を捉えることはできないのではないかと思っています。もちろん修学旅行から帰ってきて、カードの明細を見た妻からこっぴどく叱られましたけど（笑）」

廣澤伸哉「奇跡の20日間」

渡邉監督は、すべての選手たちにこう言い聞かせている。

「プロに行った選手たちも、決してすごいものを持って入学してきたわけではない。みんなと変わらないんだよ。覚醒する瞬間を出せるかどうかなんだ。その瞬間には絶対に俺が声掛けをするので、その時が来たら必ず野球に人生を賭けろ。それができれば、野球を仕事にすることが叶うかもしれないから」

――野球をやっている者であれば、誰にでも可能性はある。

大言にも慰めにも捉えられかねない常套句のようにも聞こえるが、渡邉監督は本気だ。どんな選手でも開花する瞬間がある。そして、指導者がその瞬間さえ見逃さなければ、ドラフト指名を勝ち獲ることができる。そこまで渡邉監督が確信を持って言い切るには、過去にそれを実証した経験があるからだ。

廣澤伸哉。2017年ドラフト7位で、オリックスに入団した好守の内野手である。渡邉監督にとっては、笠谷、川瀬晃、源田に続く4人目のプロ野球選手となった教え子だ。プロ3年目の2020年には、開幕2戦目に遊撃手としてスタメン出場するなどしたが、残念ながら2022年いっぱいでユニフォームを脱いでいる。

高校時代の廣澤は守備に定評があり、足の速い右打者として注目はされていた。しかし、源田の高校時代と同様に打撃面での非力さは隠しようがなく、はっきり言って森下のような「プロ入り間違いなし!」と太鼓判を押されるほどの選手ではなかった。

「廣澤がドラフトで指名された時は、大分県内の野球関係者の多くが〝なんで廣澤なん⁉〟と思ったはずです。プロ志望届を提出した時点で、驚いた人も多かったでしょうね。たしかに大分商に入ってきた頃の廣澤には〝プロに行けそうだな〟と感じさせるものは、何ひとつありませんでした。プロに行く可能性は、ほぼゼロだったと言っていいでしょう」

しかし「右打者でありながら足が速い」という点に、一縷の望みが残されていた。そして、廣澤が3年になった4月の中旬ぐらいに、渡邉監督待望の〝才能開花の瞬間〟が訪れたのだった。

「もともと俊足だった廣澤が、とてつもなく速くなりました。学校のスポーツテストで僕たち体育教師がタイムを計測するのですが、誰が何度計っても6秒を切ってくるのです。そのスピードは、野球でも活かされるようになりました。ベースランニングや守備における足の運びが、明らかに変わってきました。いわゆる〝野球足〟が速くなったのです」

廣澤本人がプロ志望だったこともあり、渡邉監督はスカウトに見てもらう場を急きょセッティングした。そして、5月のゴールデンウイーク遠征中にお披露目が実現する。相手は、1学年下のドラフト候補右腕・戸郷翔征（巨人）を擁する聖心ウルスラ学園（宮崎）だった。この試合で、廣澤はセイフティバントを試みた。これが廣澤の〝その瞬間〟だった。

試合後、そのプレーを見ていたスカウトが、渡邉監督にこう語りかけてきたのだという。

「私が知るかぎり、全国の高校生、大学生、社会人を含めたアマチュアの右打者の中で、一塁到達が最速でした」

しかし、廣澤の足が輝きを放ったのは、この時を含めて不思議と20日間ほどでしかなかった。その後はスピードが元に戻ってしまった挙句、肉離れを発症。守備でも4連続失策を犯すなど、開花以前の状態にも遠く及ばないような仕上がりで夏の大会を迎えてしまった。

「夏の大会では、とても他球団のスカウトの目に留まるような状態ではなかったですね。ドラフトで指名してくださったスカウトが見ていたのは〝この瞬間じゃなきゃダメだ〟という唯一のタイミングだったのです。ある意味、彼自身がゾーンに入っていた時期でした。彼の潜在能力がすべて発揮された20日間。本当にあの期間だけは、廣澤自身が限界を超えていたのでしょう。あのスピードは、プロ入り後も再現できなかったそうです。スカウトから『あの時の廣澤は何だったんだ？』と言われるほどですから、まさに奇跡の20日間だったんでしょうね」

プロ選手を引き合いに一芸覚醒を導く

「公立校からプロに入っていく選手は、森下のような選手は別格として、ある一部分に計り知れない将来性を感じさせる選手でなければ、ドラフト候補にもならないだろう」と渡邉監督は言う。かつて、川瀬晃がソフトバンクから指名された時も、173センチ、60キロという小さな体で、140キロ台中盤のスピードボールを投げる「肩」がある点を評価されている。廣澤も結果的には「足」という一芸が評価されてのプロ入りだった。

「廣澤の場合は、セミの寿命のような短い旬に終わりましたが、ある瞬間にとてつもない力を発揮しました。その力が大きかったからこそプロ入りが実現したわけですが、そういう力を放つ瞬間を見逃さなければ、一芸でプロ野球選手になれるということを、廣澤から教わった気がします。逆に〝タイミングを逃したらプロには行けない〟と思い始めたのもその頃です。そして、誰もが何かしらの瞬間最高出力を放つ時があるということも、廣澤は教えてくれました。だから廣澤のドラフト後は、それまで以上に選手の動きを見逃すことができなくなりました」

廣澤が覚醒した瞬間を見逃さず、将来への道を作ってやれたことは、間違いなく指導者としての大きな自信になった。一方で、森下のように覚醒した瞬間からさらに成長を続けていく選手と、覚醒したところがピークという選手がいることも、渡邉監督は廣澤への指導から学んでいる。

選手が覚醒する瞬間は、指導者が意図して起こすものではないため、基本的には待つしかないのだが、覚醒を早めるための仕掛けはある。もっとも有効なのは、選手たちにプロへ進んだ先輩ＯＢの話をしてあげることだという。プロ野球選手ではなくてもいい。大学や社会人で活躍する選手がいれば、それを引き合いに出してもいいだろう。高校で同じユニフォームを着た身近な存在だと意識させながら指導することで、選手たちの吸収力は格段に増すのだと渡邉監督は言った。

たとえば、ブルペンでは森下の動画を見せながら、遊び感覚で真似をさせるだけでいい。また、森下と同じフォームで投げることが難しくても、高校時代の森下の例を引き合いに出すなどして、参考にしてほしいポイントだけを動画で見せながら指導すると、自然とその形に近づいていくらしい。

「たとえば、森下が２月１日のキャンプインから飛ばし気味に入っているとします。

その調整方法が、シーズンに入ってどんな結果をもたらすのか。それが成功であっても、失敗であっても、その調整方法を見ながら〝良いとこ取り〟をしていくのです」

遊撃手であれば、渡邉監督には源田壮亮という基準がある。源田ならではのボールとの距離の取り方を、渡邉監督が見たまま、感じたまま、あるいは指導してきたままを現役生に伝えていくのだ。そうして、ひたすら同じことを言い続けることで、選手それぞれのレベルに応じた開花の時を迎える選手もいるのだという。

日頃から「投手のキャッチボールは50ｍの距離で行い、助走を付けてでも回転を意識した低い送球を心掛けるように」と指導している渡邉監督だが、これもオフに母校のグラウンドで練習をする森下を見て学んだポイントだ。渡邉監督はキャッチボールの中の動きや、森下が投げる球の角度を見て、それを選手への「こうした方がいいんじゃない？」というアドバイスに置き換えていく。すると、まったく投手経験がない選手であっても、一瞬で体得してしまうのだという。

要するに、プロ野球選手の〝パクリ〟である。しかし、この指導はじつに即効性が高い。

たしかに、プロ野球選手が小さなアドバイスを加えるだけで、子供たちの能力が瞬時に引き出されるという話はよく耳にする。現役プロ選手と高校生の間で指導うんぬんは認められていないが、過去に渡邉監督が「さすがにプロ野球選手は違う」と唸らされた出来事があった。

少年野球をしている渡邉監督の息子が、ある日を境に迫力満点の球を投げるようになった。しかも、渡邉監督が何年がかりで教えてもできなかったことが、突然できるようになっているのだ。理由を聞くと、オフに帰ってきていた森下から「ピッチャーは上に投げないでしょ。だから、遠投は上に投げてはダメだよ」と指導されたらしい。息子はマウンドから捕手役の森下に投げ、打席には笠谷が立っていたという。そういう場面で息子が森下から授かったアドバイスを、渡邉監督は何食わぬ顔で高校生たちに伝える。「森下はこういう感覚で投げている」と添えることで、選手たちへの浸透度がまったく違ってくるのだから面白い。

こういう話を聞けば聞くほど、プロ野球選手が自由に学生を指導できるよう、制度の見直しが成されないものかと強く感じざるを得ない。

開花している選手には水をやらない

中には蕾ではなく、花が開いた状態で入学してくる選手もいる。笠谷がまさにそれだった。ただ、高校野球の世界には「1年生の時に花が開いてしまうと、2年、3年になって落ちていく」という根強い「早熟論」がある。渡邉監督もそこは気になったというが「どうせ咲いているんだ。3年間は俺が笠谷のことを枯れさせなければいい」と切り替え、笠谷と向き合う覚悟を固めたのだという。

ただ「花を咲かせる」といっても、水をやり続けていてはダメになる。そこで渡邉監督は、普段の生活態度や口の利き方などは厳しく指導しつつも、野球に関してはいっさい水をやらないという育成方法で臨むことにした。つまり、放任だ。

「おそらく〝学校生活の中では優しく、グラウンドでは厳しく〟という指導者の方が多いと思いますが、私は笠谷に対してはまったく真逆で臨みました。もっとも私に似ているのが笠谷です。こういうタイプの人間には、セオリーと真逆の考え方で臨むのが良いと、私自身が一番分かっていますから」

実際、笠谷には思うままにやらせていた。渡邉監督が一生懸命ミーティングをしている横で「お前たち、ちゃんと聞いておけよ」と言いながらストレッチをしている笠谷の姿は、当時の大分商では当たり前の光景だった。渡邉監督が「お前はなんで入らないの?」と聞いても「僕、必要ですか?」と言って、外野でランニングをしていたのが笠谷だった。

ある試合で笠谷は11球連続で牽制を入れて、審判から怒られたことがあった。渡邉監督は、バッテリーを組んでいた上級生捕手に「マウンドに行け」と指示をするも、笠谷は「来るな」と言ってこれを拒否。後で笠谷に聞くと「だって、捕手が集中していないんですよ。あれでは投げられません」という答えが返ってきた。このような笠谷の我の強い部分も、渡邉監督は辛抱強く黙認し続けてきたのである。

そして、渡邉監督の「水をやらない指導」は、プラスの結果を本人とチームにもたらしたのだった。大分商を16年ぶりの甲子園に導いた功績だけではない。笠谷は入学から引退まで2年数か月の間、誰よりも早くグラウンドに出てきてアップを始めていた。笠谷が最上級生になると「主将に遅れてはマズい!」と、森下や川瀬晃ら後輩も全力でグラウンドに出てくるようになった。このように、チーム内に好影響を及ぼした例は、ひとつやふたつではない。

「ある時、笠谷が『ピッチャーが長くボールを持っている間に、バッターはどれぐらい呼吸をしますかね。でも、どこかでふっと抜ける瞬間がありますよね』と私に質問をしてきました。私の方でもいろいろ調べて『14、15秒ぐらいじゃないか?』と答えると、笠谷は真顔で『じゃあ、15秒ぐらいボールを持ち続けて、相手がふっと抜けた瞬間に投げれば絶対に打たれませんよね』と言うのです。ドラフト候補と言われる選手が手元にいると、いろいろと直接指導したがる方も多いようですが、それではかえって選手の器を小さくしてしまう危険性があります。笠谷は教え子とはいえ、野球に関しては私などが遠く及ばぬ力と感性を持った高校生だったので、ああだこうだ言えるはずがありませんよね。ただ、こういう会話を自然に交わせるようになったことで、私の育て方は間違っていなかったなと確信しました」

水をくれない渡邉監督に代わり、笠谷は自ら栄養を蓄え、投手としても人間としても感性をブラッシュアップしていったのである。

「決めつけ」は選手の個性を損なう

「川瀬堅斗はとにかく変わった生徒で、入学した頃は授業中に座ることすらできないような子でした。先生の気を引くために変なことをしてみるとか、横着を言ってみるとか。でも、それは人間の成長過程の中では必ず起こることだと思っています。彼のやっていることは、私からしたら〝なんちゃない〟ことばかりなんです。〝俺に比べたら可愛いもんだ〟と思っていたぐらいなので」

川瀬弟には、たしかに問題行動も多かったが、そこには悪意などはいっさいなかった。手に負えない悪さではないのだ。しかし、間違いなく誤解は受けやすいタイプの生徒だっただけに、渡邉監督は〝これは別の人に任せても無理だ〟と腹を括り、クラス担任として川瀬弟の面倒を見ることにした。

一方で、野球選手として備えている潜在能力は非常に高く、根っこの部分にあった〝野球が好きだ〟という思いも、誰にも負けてはいなかった。そこに秘められた人間としての素直さも、渡邉監督が大いに評価していた部分だ。

「彼の性格、言動は、たしかに誤解を招きやすかったと思います。彼に対する先生方の評価も様々あったはずです。しかし、川瀬堅斗は『この子はこういう生徒だ!』と一方的に決めつけてしまうと、絶対に伸びないタイプの選手でした。だから私は、決して彼を否定するようなことだけはやめようと誓いました」

そもそも、渡邉監督は選手を指導するうえで、絶対に「決めつけ」をしない。「この子はこうだ」というレッテル貼りをしないのである。それをやってしまうと、選手は伸びない。ましてや、プロ野球選手になるような選手は、指導者の経験や知識を凌駕するほどの実力と感性の持ち主だ。そんな選手に「決めつけ」を行っていては、間違いなくプロ野球選手になどなれようはずがないと言うのだ。

やんちゃ坊主の扱い方も、遠征で訪れた高松商（香川）で長尾健司監督から学んだばかりだった。2016年春に甲子園で準優勝した頃の高松商には能力の高い選手が揃っていたが、一方では他の教員から「どうしてこんな子がウチに入ってくるんだ」と言われるほど、やんちゃ揃いだったという。しかし、長尾監督はそういう選手を叱るだけではなく、学校の中で野球部員の立場を高めるために、様々な行動に出たという話を渡邉監督も聞いていた。川瀬弟が大分商に入学してきたのは、その直後という絶好のタイミングでもあった。

「彼にはきちっと『これはいけないことだよ』と根気強く説いていき、場合によっては謝罪に行かせたこともあります。とにかく、川瀬堅斗という人間をより理解してもらえるように『挨拶をする、素直に頭を下げる、明るく会話をする』という当たり前の行動を徹底させるなど、いろんな手を尽くしました。そのあたりのやり方も、長尾監督を参考にさせてもらいました」

川瀬弟がプロ志望届を提出した頃、渡邉監督の中には「子供のままプロに送り出してもいい」という考えが芽生えていた。以前は、より完成形に近い状態で送り出したいという思いが強かった。しかし、大人になりきれていない未完成の子供が、プロの世界でいろんな人たちに揉まれながら大人になっていく。そういう成長の仕方があってもいいのではないかと感じ始めたのがこの時期だ。だから、ドラフトに臨む渡邉監督にも、どこか余裕が感じられるようになった。過去に5人の教え子をプロに送った経験が、いよいよ活かされ始めたのだろう。

入団時には「愛嬌があればプロでやっていける。大人ぶってプロに入るな」という言葉を川瀬弟には授けた。そして、オリックスでプレーする川瀬弟のまわりには、支配下で入団した同期選手が常に自然と集まってくる。渡邉監督が連絡を入れると、電話の向こうから同期の山下舜平大や来田涼斗の声が漏れ聞こえてくるのだそうだ。

〝弱さ〟を見せる三代祥貴

「子供のままでいい」と言って川瀬弟をプロ野球の世界へと送り込んだ渡邉監督だが、それがすべての選手に当てはまるものでもない。川瀬弟には、人並外れたコミュニケーション能力が備わっていたからそのやり方も通用したが、三代祥貴の場合はそういうわけにはいかなかった。

高校時代の三代は、通算26本塁打の4番打者として活躍。1年時から名門・大分商の主砲を担い、2019年秋の九州大会準優勝、2020年春の甲子園出場に貢献した。2年夏の甲子園交流試合では2安打を記録。圧倒的飛距離を誇るスラッガーでありながら、50m6秒1という俊足の持ち主という点も評価され、2021年育成ドラフト12位でソフトバンク入りを果たしている。

「総合力で抜けた存在ではなく、廣澤のように足があるわけでもない。ただ〝プロに行きたい〟という強い思いがあったので、なんとかして送り出したいなという気持ちがありました。そのためにも、ポジションを左翼手から三塁手に変更しました。それによってチームには迷惑をかけましたが、そこはみんなに充分な説明をして理解してもらったつもりです」

三代は、中軸打者として夏の大分大会準優勝を経験したふたりの兄を追って、大分商野球部の門を叩いた。入学してすぐに頭角を現し、180センチ、80キロという恵まれた体格を活かした打棒を見せつけながら、早い段階で「プロ志望」を表明していた三代だったが、渡邉監督は常に物足りなさを感じていた。

「三代は『プロに行きたい』と言いながら、自分をアピールすることが下手な選手でした。1学年上の川瀬堅斗と違って、言葉も少なかったです。そういうキャラではないのなら、自分を変えていかないといけません。田舎の〝お山の大将〟として育ってきたため、無垢な性格は微笑ましかったのですが、それではとても勝負にならないのです。プロの世界を甘く見ていたというか、とにかく無知でした。『そんなに甘いもんじゃない』と何度も言い続けましたが、最後まで伝わらなかったですね」

「プロに行きたい」と言う選手がいれば、必ず一度はプロのスカウトが視察に訪れる。〝スカウトに見られている〟という状況で勘違いしたり、自分本位になったりする選手も多いが、渡邉監督からすれば、それは「子供だから当然のこと」と、ある程度は織り込み済みの部分でもある。しかし、思うようにプレーできなかった時に〝あぁ、ダメだ……〟と下を向くような態度を見せてしまうことだけは、絶対に許さない。

ところが、三代にはそれを出してしまう弱さがあった。プロのスカウトは「打てる、打てない」ではなくて、プレーに向かう姿勢、つまり試合中の立ち姿や失敗した後にベンチから出ていく時の姿を見ているものだ。だから、どんな凡打であっても、一塁までの全力疾走を怠ってはいけないのである。しかし、そういう場面で力を抜いてしまうのが、高校時代の三代だった。

3年の夏が終わってからも、三代はグラウンドに出てきて練習を続けたが、その時のグラウンドに出てくる姿も渡邉監督は気に入らなかった。まだ現役だったつい数日前までは、全力疾走で出てきていたはずなのに、立場が変わったとたんに緊張感がなくやってくる。これは黙って見過ごすわけにはいかなかった。

「三代には『どうして〝やるな〟ということをやるんだ。何がプロだ!』と何度叱りつけたか分かりません。たしかに、以前にもできなかった選手はいましたよ。その都度、私は『必ず言われたことをきっちりやりきる。そこまでを評価してもらいなさい』と言ってきました。そして三代は、明らかにこの部分が過去の選手に比べて足りていませんでした」

渡邉監督は、三代から提出されたプロ志望届を「まだまだ提出できるだけの人間ではないから」と言って、最後の最後まで高野連に届け出ようとしなかった。

「明日からグラウンドには来なくていい」

「もう1回チャンスをください」

「お前にはさんざんチャンスをやってきたけど、何度言っても分からないみたいだから、もう無理だ」

そんなやりとりが、幾日も続いたという。一方で、無知であるがゆえに、じっくり言い聞かせれば、言われたとおりのことを実践しようとする素直さがあった。それが救いでもあったのだ。他の部員の前で雷を落とし、恥をかかせる荒療治などを通じて、先輩や後輩、同級生に対する気配りなどをあらためて教育した結果、次第にそれを本気で実践しようという姿勢が見て取れるようなった。そこで初めて、渡邉監督はGOサインを出した。こうしたいきさつを経て、渡邉監督が三代のプロ志望届を高野連に提出したのは、締め切り5日前のことだった。

「三代のドラフトでは、選手が覚悟を抱く瞬間に立ち会うことができました。17歳の少年に『今この瞬間に、これができないとダメだよ』と説き、理解させ、決断させる。いろんなアプローチはしましたが、最後は根っこの部分を押さえつけないと人は変われません。でも、その根っこは短期間で変えることができるということを、私自身もあらためて思い知らされました」

古川雄大は「F1のエンジンを載せたダンプカー」

三代を育成12位でプロの世界に送り込んだ翌年、渡邉監督は佐伯鶴城へと転勤する。そして、いきなり持ち前の「巡り合わせの良さ」を見せつけることとなった。新天地で待ち構えていたのは186センチ、85キロの怪物・古川雄大である。日本人の父とフィリピン出身の母との間に生まれた超ド級の身体能力を持った古川は、2022年の九州地区を代表するドラフト候補のひとりだった。

毎年冬に、大分県の高校野球部が集まって冬練習の成果を競う「トレーニングマッチ」は、完全に古川の独壇場だった。2年時の100m走では、スタートで大きく躓きながらも、自己最速の11秒4に迫る11秒63を記録して県2位に輝く。さらには、重さ5キロのメディシンボールを後方に投げる背投で、大会新の14・30mを投げて優勝。強靭な背筋力を見せつけて、熱視線を注いだ周囲を圧倒している。

高校通算21本塁打。芯で捉えた打球の速さと飛距離は他の追随を許さず、遠投11

0mの鉄砲肩はマウンド上で最速141キロを叩き出す。そんな日本人離れしたスピードとパワーを目の当たりにして「スピードは高校時代のオコエ瑠偉（巨人）、パワーは同じく高校時代の万波中正（日本ハム）よりも上だ」と絶賛するスカウトもいたほどだ。

しかし、大分商時代に外から見ていた渡邉監督の評価は「身体能力は間違いないけど、あまりに粗い」と厳しいものだった。

転勤後に、初めて進路についての話をした時から「プロ志望」を公言した古川だったが、本人からは〝本当にプロに行けるのかな。行けたらいいな〟程度の気持ちしか伝わってこなかった。

「どのレベルまで行けばプロに行けるのか。現在の自分がどのへんに位置しているのか。そのあたりも、まったく分かっていなかったし、考えてもいなかったようです。まずはそこを理解させるのに、結構な時間を割きました」

渡邉監督は、古川の特性を独特の言い回しで表現する。

「古川は〝F1のエンジンを積んだダンプカー〟なんですよ。大きな車体を動かそうと思えば、エンジンの馬力と燃料が必要不可欠です。しかし、当初は体を動かすための効率も悪く、かなり燃費が悪かったです。また、ガス欠になっているのに前に進もうとしたり、右に曲がらないといけないところを左に曲がったりする無謀さがあり、操縦性もかなり難しいものがありました」

打席の中の古川は、ボール球であろうとなんであろうと、自分の感覚の中でバットを振るだけの選手だった。「待て」のサインを出しているのに、3ボール、0ストライクから打ちにいくこともあった。〝自分がこのチームを引っ張っていかなきゃいけない〟という気持ちが強すぎたのだろう。その姿勢は充分に評価できるが、チームの一員としてチームを勝ちに導くという点においては、足りない部分が多すぎたと渡邉監督は言った。

育成と勝利追求の二兎を追う

古川に対して、渡邉監督は「プロ野球に入るという夢を実現させるには、自分の長所と短所と向き合う力がないとダメだ」と、何度も言って聞かせた。

「長所を伸ばすことはいくらでもできます。しかし、自分の短所を認め、それを克服していく作業を怠ってはいけません。古川本人は〝なんとかなるやん〟と思ってしまう子だったので、私はいつも『いや、なんとかならないから』と言い続けてきました。ちゃんと形を示していかないと、ここから先は評価されない世界なんだ、と」

古川が克服すべき課題は、チームプレーを覚えることだった。チームの絶対的存在である古川が、チームプレーを覚えることは、チームの勝利にも直結する。したがって「プロに行きたい」と言う古川への指導は、個を伸ばすだけのものではなく、組織を勝たせるための指導でもあったのだ。

「たしかに、身体能力は過去の教え子の中でもずば抜けて高かったのですが、言動を見ていると古川が一番甘かったですね。三代以上に甘かったです。ちょっとしたところで気を抜いたり、脱線しかけたり……。でも、プロに行くためには、そういう甘さを潰していかないといけません。試合後に『お前にはプロに行く資格などない』と言って、泣かせたこともありました。そういう中で、古川は自ら変わろうとしてくれました」

練習試合では「今日はヒットを打つことよりも四球を選ぶこと」というテーマを設定し、あえてバットを振らせなかったこともある。古川ほどの強打者になれば、相手投手はまともにストライクゾーンでは勝負に来ない。相手ピッチャーに〝嫌だな〟と思わせながら、とにかくボールカウントを増やしていく。そして、ボール球は徹底的に見逃していく。こうして四球を選ぶためのルーティンを覚えさせていったのだ。

「プロ側に〝古川はすごいな〟と思ってもらえる一番のストロングポイントは、なんといっても足でした。そこをアピールするためにも、粘って四球で出塁できるだけの技術が必要だったのです。いざ出塁すれば、古川の脚力を見せることができますからね。『たとえホームランを打てなくても、そういうところを見せていくことで評価は上がっていくぞ。今の段階では育成の評価かもしれないけど、いずれは支配下に昇格するかもしれない。上位候補になる可能性だってある。そこを信じてやってみな』と言って、古川に暗示を掛け続けました」

古川が四球で歩けば、盗塁でチャンスを拡大することができる。たったひとつの四球が、二塁打にも三塁打にもなるだろう。つまり、古川の選球眼は長打力にも匹敵し、チームにとっても大きな力になるのである。また、そういった献身的な態度がチームの勝利に結びついていけば、古川個人にとっても最高のアピールになる。こうした渡邉監督の仕掛けに対して、古川は「渡邉監督に会って、野球観がすべて変わりました」と言って懸命に応えようとした。そのあたりから、古川のプレーに「意思」が見え隠れするようになってきたと渡邉監督は振り返る。

おそらく、渡邉監督がここまではっきりと「勝利と育成の二兎」を追うことにこだわったのは、森下と川瀬晃が在籍した２０１５年の大分商以来だったかもしれない。

古川の足が覚醒した瞬間

そして「今の古川なら自信を持って送り出せます」とプロ側に伝えたのは、６月に入ってからだった。練習でも率先して走塁練習に取り組むようになるなど、足を活かした野球を極めていこうという姿勢が出てきたのだ。チームのためにボール球を見極め、我慢して四球を選ぼうとするシーンも目立つようになった。そして、ついに古川自身にも決定的な瞬間が訪れるのである。

「６月の福岡遠征でした。二死二塁で二塁走者が古川です。次打者は三遊間にボテボテのゴロを打ちました。相手の遊撃手がこれを処理して一塁に投げましたが、打者走者の足の方が早く判定はセーフ。その時にはすでに、古川はホームインしていました。チームが絶対に欲しかった点を、古川が足でもぎ取ったのです。しかも、暴走ではない完璧な走塁でした。ましてや、雨が降って足元が緩い中です。それ以前の古川なら考えられないプレーですよ。まさに私が求めていた条件を、彼が最高の形でクリアしてくれたのです」

その後、スカウトから問い合わせが入るたびに「今が古川の一番良い時だと思います。ここで判断してください」と伝えるようになった。

こうして古川雄大は、2022年のドラフトで西武から2位指名を受けてプロ入りした。高卒ドラフト2位は、過去の教え子の中でも笠谷の4位を上回る最高評価だ。

「2位は想像以上の高評価でした。出会いからわずか半年足らずでそこまで引き上げることができたのは、私にとっての成功体験としても大きなことだったし、自信にもなりました。本人のことをよく知らない人は『もともと良かったからだ』と言うでしょうけど、素材だけでドラフト2位なんてありえません。ドラフトまでの数か月間も評価されての順位だったことは間違いないでしょう」

2023年のルーキーイヤーは、プロで戦うための体作りに専念したため、二軍での出場も1試合のみに終わった。しかし、週4度のウエイトトレーニングと栄養士の指導によって、体重は入団当初の目論見どおりに95キロまでアップした。オフには台湾で行われたアジア・ウインターリーグにも派遣されるなど球団の期待も大きい。

過去には法大で東京六大学最多の48勝を挙げた山中正竹、広島の元監督で通算2020安打の野村謙二郎など、数多くの一流野球人を輩出してきた佐伯鶴城。「将来的には偉大な先輩方に肩を並べても、まったく不思議ではない。それぐらいの可能性を持った選手」と、渡邉監督も最大級の期待を寄せている。

即断即決のススメ

野球とは、常に決断が求められるスポーツだ。状況は刻々と変化する。そんな中で、相手の変化や傾向に気づき、万全の手を打ち続けていかなければならない。この法則に従った持論が、渡邉監督にはある。

「試合では、いくつもの決断を即時に行える選手が結果を出すことができます。だから私は、選手たちに『そこに間違いがあってもいい。ただ、すぐに決断を下せるようになれ。〝どっちかな？〟と迷ったら、最初に思いついたものが正解だ』と言っているのです」

決断力と即決力。これは、選手の進路を決めるうえでも、必要になってくるポイントだと渡邉監督は言う。その考えに至ったのは、源田の存在があったからだ。

「大学に行きたい」と言う源田に、渡邉監督が愛知学院大の話を持ち掛けたとたん、高校生だった源田は「じゃあ、そこに決めます」と即答した。家族への相談もなしに、その場で即決してしまったのだ。そして、次の瞬間には大学野球に向けた準備のために、グラウンドへ飛び出していったのである。

「さすがに3か月という短い時間では、源田がプレーで弾ける瞬間に立ち会うことはできませんでした。しかし、彼の決断力には大いに驚かされました。たった数か月しか付き合いがない私の提案に対して、何ひとつ迷うことなく、瞬時に自分の方向性を決めてしまったのです。そんな高校生には、今まで一度も出会ったことがありません。守備のハンドリングがどうとか、もうそういう問題ではないのです。彼の決断力と〝こうだ〟と思ってからの行動力。そして、高卒でプロという可能性があったにもかかわらず『体が細いので、僕にはまだ早いです』と言って、自分の〝旬〟を冷静に、客観的に判断できる能力。そういう考え方や物の見方を、私は源田から学びました」

源田からの〝教え〟は、川瀬晃の野手専念宣言を引き出した時や、進路に対する甘さを見せていた三代や古川への言葉掛けにも活かされている。また「自分にはまだ早い」という判断で進学を選択した森下への指導にも、それは活かされたはずだ。

一方で、プロを志望しながら「プロがダメなら大学で……」と言っている選手は信念が弱いため、浮上のきっかけを掴むことがないだろう。源田がプロ野球の第一線で活躍する姿を見るたびに、渡邉監督はそんな思いを強くするらしい。

そして、プロ野球選手となった8人の教え子に必ず伝えていたのは「プロ野球選手になったからといって、そこで終わっては意味がない。活躍しないと意味がない」ということだった。

「ただプロに入ることだけを目的とするなら、選手としては長続きしないだろう。プロに行ってどういう選手になりたいのか。そのイメージができるなら、こちらも手助けや後押しはする」

渡邉監督に育てられた彼らは、プロ入り後のイメージが描けていたからこそ、夢への第一歩を踏み出すことができたのだと思う。

KAKUJYO
佐鶴城

第四章

独自のワールドを突き進む

強くなるための「思考法」

プレッシャー克服法1 ――「オンとオフを完全に切り替える」

大分商を11シーズンにわたり率いた渡邉監督だが、大分県内で最多の甲子園出場回数を誇る名門校だけに、やはり圧し掛かってくるプレッシャーは想像以上だった。

「当初はもがき続けましたね。ましてや私はOBではなく、外様の軟式出身者ですよ。そんな人間が監督をするのですから、誰しも不安になって当然だと思います。まわりから〝お前に何ができるんだ〟という視線を向けられていることも、よく分かっていました」

公式戦で試合に負ければ、学校に「どうしてあの場面でバントだったのか⁉」と電話が何件もかかってくる。もちろん、監督1年目の春季大会でエース投手に1番を打たせた時も「お前は大商の野球をナメているのか！」という恫喝に近い電話も受けた。

また、プライベートの行動を隠し撮りされ、それをインターネット上に晒されて「練習もせずに、こんなところにいるから勝てないんだ」と叩かれたこともあった。ひとつの負けによって、渡邉監督のみならず、家族にも害が及びかねないほどの誹謗中傷に晒されてしまうのだからたまらない。だから大分商に在籍している間は、自宅に電話回線を引かないようにしていたのだという。

いかにプレッシャーと向き合いながら、乗り越えていくかを考える毎日だった。夜はなかなか寝つけずに苦しみ、それでも容赦なく次の朝はやってくる。ただ、そういう日々を繰り返していくうちに〝あれ、なんだか昨日のことが薄らいできたな〟と感じるようになった。その理由を考えてみると、ほんの一瞬でも野球とは関係のないことを考えている間は、心から楽しかったと気づいたのだ。

「そこから、オンとオフを完全に切り替えてみようと考えるようになりました。そして、1年目からそれができるようになったのです。もう、思い切ってやろうと完全に割り切りましたね。ダメなら、去ればいい。でも、最後まで変な気をつかいながら去っていくことだけは避けたい。だから、最初から突っ込んでいきました」

拠り所としたのは、恩師・後藤美次監督から授かった「直観力を大事にしろ」という言葉だった。結局、いろいろ悩んだところで、最初に自分が〝こうだ!〟と思ったことが芯でなければならない。だから、自分自身が折れてはいけない。自分さえ折れなければ、子供たちを導いていけるという自信もあった。監督としてのスタイルをしっかり自分の中に持っていれば、プレッシャーとも付き合っていけると自らに言い聞かせたのである。

その後は、監督として選手たちの前に立った時に、どう振る舞うかだけを考えるよう努めた。もちろん、それはただの痩せ我慢ではあったが、そうした部分もいっさい表には出さなかった。

プレッシャー克服法❷
「もうひとりの自分を作る」

しかし、素のままの渡邉正雄だったら、とても大分商の監督を10年以上も務め上げることはできなかったかもしれないとも思っている。だから渡邉監督は、あえて二重人格を演じようと思い立った。そして、監督をやっている宇宙人的キャラの自分を作り上げることに成功したのである。素ではない自分と素の自分。これを使い分けることで、オンとオフの切り替えはさらに上手くいくようになった。

「名門校で監督をしようと思ったら、究極ですが〝もうひとりの自分〟を作るべきです。馬鹿を演じることが、素の自分を救うことにもなるのです。私の意に沿って動く、もうひとりの自分を作り、それを私自身が演じる。その結果、まわりから見られた時に〝あぁ、あいつはまた何か好き勝手にやっているな〟と言われてもいいのです」

渡邉監督は〝もうひとりの自分〟をプレッシャーの捌け口にした。クレームや誹謗中傷への応対を自らが演じるもうひとりの自分に任せることで、気持ちはずいぶんと楽になったという。

「1年目の1番・ピッチャーという思い切った起用は、もうひとりの自分がやったこと。それに対して批判が来ることは、最初から分かりきっていたことです。でも、苦情の電話はもうひとりの自分が聞いていました。苦情を聞いているのはオンの私。もうひとりの渡邉正雄が電話で話しているのです。その隣で話を聞いているオフの私は〝なるほど。普通はそうするものなのか〟と相手の話に相槌を打つなどして、いたって冷静でしたね。野球において意思を持っているのがオンの私で、オフの私には意思がありません。なかなか説明しても理解してもらえないかもしれませんが、私はこうしてオンとオフを使い分けてきました。でも、本当に〝あいつには何を言ってもダメだ〟、〝あいつは頭がおかしい〟ぐらいに思われないと、とてもあのプレッシャーには耐えられなかったでしょう」

当時「大分商の渡邉監督は、OBやまわりの声に耳を貸さない」という評判で持ち切りだったが、実際には耳を貸さないどころか、批判や意見を真っ向から受け止めていたのである。ただし、聞いているのは〝もうひとりの渡邉正雄〟ではあったが……。

「まわりの方々から『正雄は宇宙人だ』と言われていることは、私もよく知っているし、誰が言っているかもよく分かっています。でも、それは私自身がそう思われるように、あえて仕向けていった部分でもあるんです。『あいつは宇宙人だから、何を言ってもダメだ』と言ってもらえているということは、いろんな批判やプレッシャーを上手く逃がしている証でもあるので、そういう時は私の中でのオンとオフの切り替えが上手くいっていると思っていただいて結構です」

そう。宇宙人監督の正体は、もうひとりの渡邉監督だったのだ。いや、もうひとりの自分を作り出している時点で、やはり素の渡邉監督もかなりの宇宙人であるといえよう。

「現実」と「非現実」の切り替え

このように、渡邉監督自身の切り替えが早いので、教え子たちもそうなっていく傾向にあるようだ。夏の大会で敗れた後、渡邉監督による最後のミーティングが終わったとたんに「よし！　今この瞬間から〝次〟が始まった。切り替えていくぞ！」と言って、チーム全員で盛り上がる姿を、いったい何度見てきただろう。

「校門をうつむきながら出ていく者は、保護者も含めて誰ひとりとしていませんよ。それって、すごく良い雰囲気だなと思います。日頃から『引きずるな』と言っているし、私自身も人には引きずっているところを見せないので、選手たちも自ずとそうなっていくのだと思います」

結果には必ず原因がある。勝てば勝因、負ければ敗因があるのだ。敗因を解決していくことはとくに大事なことだが、それをプラスに置き換えて、日々の練習の糧にしなければ意味がない。ただ、終わったことを引きずっているだけでは、物事がプラスの方向に進んでいくこともないだろう。そこの切り替えを上手に行って、次に踏み出していける選手の方が、絶対に野球も上手くなる。プロに行った選手たちがそうだったし、そうではない選手たちも切り替えは早かった。また、誰よりも渡邉監督がそういう人間を作りたいと思っている。

そんな指揮官の言葉を、大分商や佐伯鶴城の教え子たちは素直に受け入れるのである。いや、渡邉監督の言葉のセンスが、選手やその保護者たちをその気にさせているのかもしれない。

「私と接しているうちに〝この人には何を言ってもダメだ〟とか〝この人、すぐに全然違うテンションで話しかけてくる〟ということに気づくはずなんです。そのうち〝自分たちで切り替えていかないとダメだ〟と、自分たちなりに対処の仕方を考えるようになり、自分たちも切り替えの早さを作っていかないといけないと思うのではないでしょうか」

結果を受け入れる切り替えだけでなく、普段の学校生活と野球部のグラウンドでも切り替えは必要だ。高校生にとっては、学校生活こそが「現実」であり、グラウンドはあくまで「非現実」だと渡邉監督は言う。課題の提出は、現実の中のルールである。したがって、それを守ることのできない者が、放課後に残されるのは当然のことだ。また、学校生活という現実の中では、女子生徒とも気兼ねなくコミュニケーションを取ることもできるだろう。

一方、グラウンド内は「非現実」の世界だ。いまだに一部の根性論や精神論がまかり通るのも、グラウンドが非現実だからこそだと渡邉監督は言うのである。

「高校野球を指導する先生の中には、野球をしている方が現実で、学校生活が非現実だと思っている人がいるかもしれません。でも、グラウンドの中の根性論を現実世界で実践しようとすれば、えらいことになってしまいますよ。だから私は、そこを絶対に間違えないように、現実世界ではずっとクラス担任もやっているのです」

渡邉監督自身も、先生と監督というふたつの立場をはっきりと使い分けている。学校生活では体育の「先生」でもいいが「グラウンドでは『先生』と呼ぶな」と徹底的に言って聞かせているのだ。そして、練習が終われば、選手たちは非現実から現実の世界に帰っていく。問題行動を起こしてしまう選手は、グラウンドを出る時にこの切り替えが上手くできていないのだろうというのが、渡邉監督の見立てだ。

ちなみに笠谷は、3年間誰よりも早くグラウンドに出てきていた。それは〝自分の力を一番発揮できる非現実の世界（グラウンド）に、いち早く行きたい、戻りたい〟という気持ちの表れだったのかもしれない。また、現実を頑張らなければ、非現実の世界には行くことができないということも分かっていた。だから、授業中に居眠りすることもなく、放課後に残されるのは嫌だからと、課題提出も怠らなかった。そうやって切り替えを上手に行い、自分でしっかり練習時間を確保していたからこそ、笠谷はプロ野球のユニフォームに袖を通すことができたのかもしれない。

新庄剛志と渡邉正雄

渡邉監督は北海道日本ハムの新庄剛志監督を見て、いくつかの共通点を見出しているという。

「まず〝常識には囚われない〟ということでしょうね。私もどちらかと言えば〝新庄さん側〟の人間。〝こうすれば面白いだろうな〟ということは、常に考えています。要は、考えていることを実践するか、しないかだけの違いです」

〝BIG BOSS〟として就任して以降、新庄監督はコーチに「教えるな」、「教えすぎるな」と指導している。逆に1年目の選手には「コーチの言うことは聞かなくていい」とまで言ったのだという。

「見た目や発言は派手ですが、純粋な人なんだと思います。度が過ぎるように見えてしまうパフォーマンスも、すべて計算されてやっているように見えるし、素のようにも見えますよね。そこが分からないところも、私が新庄さんに似ていると言われる所以なのかもしれません」

もうひとつ、両者に共通項があるとすれば、単に勝ち負けという価値観を超えた部分で野球をやっているという点だ。高校時代に、二塁打が出ればサイクルヒット達成という場面で打席に立った新庄監督は、悠々三塁打になりそうな長打を打ちながら、慌てて二塁に戻ってサイクル安打を強引に達成。そして、ベンチに向かって満面の笑みでガッツポーズをしていたのだという。そういう行動も、甲子園出場と同等の、あるいはそれ以上の情熱で選手の進路作りに励む渡邉監督の姿と、妙に重なって見えてしまうのである。

春季キャンプの新庄監督は、1年目から常識を覆す様々なメニューを取り入れ、野球関係者の度肝を抜いた。紅白戦は一死満塁からスタートし、1番から3番までは全員セイフティバント。さらには、内外野すべてをシャッフルし、全員に慣れないポジションを経験させている。また、タレントで陸上十種競技出身の武井壮や、ハンマー投げが専門の室伏広治スポーツ庁長官を招き、体の作りや動かし方を学ぶための講座を開いたこともあった。

「すごく面白いと思いました。ただ、新庄さんのような個性の方は、ずいぶんな数の〝アンチ〟を作ってしまうものです。そこは、私が一番分かっていることかもしれません。そういう人のまわりでは、常に賛否両論が渦巻くのです。でも、賛否両論ほど楽しいものはないなと、最近は思うようになりました。私自身、外野からの声をすごく楽しんでいるところがあります。〝あぁ、これをすれば、こんなことまで言われるんだ〟とか〝こういうことをされるんだ〟と、客観的に見ながら取捨選択している部分もあるし、その中からチームや選手を成長させるためのアイデアが浮かぶことも珍しくありません。だから、新庄監督のやり方はすごく勉強になりますね」

エゴサーチを楽しむ余裕

「賛否両論を楽しむ」と言うだけあって、渡邉監督は積極的にエゴサーチを行うという。エゴサーチとは、インターネット上で自らの評価をチェックすることである。中には、ネット上に散乱する自身への批判や悪口を目の当たりにして、心を病んでしまう人もいる。したがって、自ら好んでエゴサーチをする人の方が珍しいはずである。高校野球の監督であれば、なおさらエゴサーチをしない人の方が多いだろう。

ところが、もうひとりの自分を作り上げている渡邉監督は、何食わぬ顔で「渡邉正雄」を検索にかける。どんなに悪口を書かれていたとしても〝まぁ、そういうふうに受け取られるだろうな〟と、苦笑いする程度で済むのだという。

「中には『実際に渡邉は何も指導していない。楽をしている。たまたま良い選手がいて、たまたまプロに行っているだけだ』と書かれていることもありますよ。そんな時でも私は〝たしかにそう映る人もいるだろうけど、選手のことは誰よりも細かく、その機微まで見ているから〟と思って笑ってしまうのです。機微を読み取るということは、表面には表れない内面を〝感じ取る〟ということ。つまり感覚の部分なんです。たしかに、そこはまわりの人には分からない部分でしょうから、いろいろ言われてしまうのは仕方ありませんよね。逆に、私のことを良く書いてくれている意見を見ると〝言葉の裏に何があるんだろう〟と、より冷静になりますね。だから、最近は〝批判の方がまっとうな意見なのかな〟と思うようになりました。そのへんの感覚が、人とはズレているのかもしれません。そうやって、賛否両論が入り混じるネットの書き込みを見ることは、客観的に自分自身を見つめ直す良い機会。そう思って、楽しめばいいのです」

エゴサーチをすることで、必死になって自らの欠点を探す手間を省略できる。ネット上でわざわざ課題を指摘してくれているのだから、そのひとつひとつを克服していくだけでいい。その結果、先々には面白いことが待っている。おそらく渡邉監督は、それぐらいの気持ちでネット上の意見を眺めているのではないだろうか。

「ある一部の意見を注視していると〝なるほど〟と思うこともありますよ。〝今ここで少しでも気を緩めれば、一瞬で人生が終わるかもしれないな〟ということに気づかせてくれるのもエゴサーチの良いところ。また、ひとつひとつの意見に目を通し、これらをひとつずつ潰していく過程も楽しいと思えるようになりました。はたから見れば〝あいつ、何をやっているんだ〟と思われるかもしれませんが、これをやっていくことで、まわりのことが何も気にならなくなったのも事実です」

つまり、第三者がネットで騒げば騒ぐほど、あるいは陰口を叩けば叩くほど、渡邉監督とそのチームは力を増していくのだ。アンチ渡邉正雄の方々は、自らのアクションが結果的に渡邉監督を手助けしていることに、気がついているだろうか。

「破壊なくして創造なし」

「私は形になっているものを〝壊す〟ことが大好きなんです。そして、そこからどう立て直していくのか。時には〝やべぇ。ちょっとやりすぎたかな〟と思う時もありますが、再び積み上げていくには時間が必要だということは分かっているので、その過程で選手たちを急かすようなことはしません」

指導者が既成のものを壊し、そこから最短で結果を残そうと思うなら、壊した指導者自らが新しいものを作り上げればいい。渡邉監督曰く、鍛治舎巧監督が在籍した当時の秀岳館（熊本）が、まさにそれに該当する。そして、そのやり方が成功すれば、秀岳館がそうだったように、甲子園でもすぐに上位進出を果たすことができるだろう。鍛治舎監督は県岐阜商に行っても、それを実践してしまった。選手に任せていたら、ここまで早く結果は出ていなかっただろうと渡邉監督は言う。

「ただ、私にはそれができないのです。それをやれば、甲子園に行く可能性は今までよりアップするとは思いますが、そのぶん埋もれていく子供たちが増えてしまいます。私の中には〝選手の芽を摘まない〟という前提があるので。私は勝負師として甘いのかもしれませんが、埋もれていく子に対して見て見ぬフリができないのです。でも、絶対にそれが私には適した指導だとも思っています」

だから、渡邉監督は既成のものを破壊して無の状態にすると、あとは選手たちの〝蘇生力〟に賭けるのである。目の前にあったものがなくなれば、選手たちは新しいものを作り上げていこうとする。しかし、じれったいからと言って途中で指導者が手を差し伸べようとすると、結局は選手たちが動きを止めてしまうのだ。渡邉監督は、選手たちが創造力を働かせて一生懸命取り組んでいる間は、どんなにおかしな形になったとしても、それが完成するまでは我慢するのである。

大分商時代の2021年秋。大分大会準決勝で大分舞鶴に敗れ、九州大会の出場とセンバツ出場の可能性を失った時には、選手たちを集めてこんな話をしている。

「俺がぐちゃぐちゃにぶっ壊す。そして、2月から再びチームを作り始めるので、それまではお前たちの力でもう一度頑張ってみてくれ。ただ、いったん崩す以上は、3月の春季大会で力を発揮することは難しいかもしれない。でも、そこは気にしなくていい。間違いなく夏には違った組織が出来上がっているはずだから」

こうして、ポジションや打順を一度解体し、ゼロからのチーム作りを選手主導で開始した。そして選手たちも「足が自慢の選手なら長打力を、長打力が売りの選手なら守備力を」というように、考え方をイチから切り替えて、新しい武器を備えるための練習に取り掛かっていくなど、随所に積極的なトライが見受けられたのだった。

「以前は感情や直感だけで破壊してはみるものの、壊しっぱなしにしたままで失敗したケースもありました。しかし、今はどういう導き方をすればいいのかが、以前よりもはっきりと見えています。次にやることが分かっているからこそ、思い切って壊すことをできるのです」

――破壊なくして創造なし。

次を想定して破壊し、蘇生させるという作業を何度も繰り返しながら、チームは強くなっていくのだ。

公立校ほど必要な〝捨てる勇気〟

大分商時代の渡邉監督は「1番打者のエース」、「1年生にエースナンバーを託す」など、伝統校の中に存在した暗黙のルールを次々に破壊しながら、新しい大分商の形を作り上げてきた。そうした姿勢で臨まなければ、私立全盛の現代高校野球の中で、公立校は取り残される一方だと考えていたからだ。

「公立校ほど〝捨てる勇気〟が必要だと思うのです。力があると言われる私立の方が、しきりに脱皮を続けているではないですか。公立の伝統校は、守らなきゃいけない伝統がいっぱいあります。もちろん、その中には素晴らしい伝統もたくさんあるでしょう。ただ、そんな伝統をも変えていくほどのことをしていかないと、とても私立に立ち向かっていくことはできません。批判を受けるというリスクを嫌う方もいらっしゃるでしょう。しかし、今は何をやるにしてもリスクがつきまとう時代です。だから〝リスクがあるのが当たり前、リスクも想定内〟と思ってやっていけば、リスクに対する恐怖心も薄れていきます。そこは果敢に攻めていくべきなのです。とくに公立の監督さんほど、感覚を時代に則したものにどんどんアップデートしていかないといけないと思いますよ」

指導者が感覚をブラッシュアップしていくことで、チームは上手く回っていくようになる。しかし、それを分かっていても、なかなか行動に移すことができないのが公立高校なのかもしれない。

「投手を中心に守り勝つ」という考えは、日本野球における鉄則と言ってもいい。とくに、私立勢に対して選手層の薄い公立高校は、投手を中心としたディフェンス力がなければ勝負にならないだろう。そこは渡邉監督も100％同意する部分だ。しかし、それればかりでは、みすみす勝機を手放しているようなものだ。

「機動力や打力といったプラスアルファやオプションを、いかに身に付けていくか。その枝葉がなければ、とても太刀打ちできません。だから〝これがウチの野球だ〟、〝俺にはこの野球しかない〟と固執しているようでは、ライバルに取り残されていく一方なのです」

高校時代に硬式経験のない渡邉監督が、2度の甲子園、3度の夏準優勝という輝かしい成績を残すことができたのは、誰よりも強烈な「公立の監督」としてのプライドが息づいていたからなのかもしれない。

「本当の自主性」を引き出すために

前述のような、選手が無の状態から新しい何かを作っていこうとしている時には、その作業に楽しさを感じさせ〝もっと野球がしたい〟と思ってもらえるような環境作りを心掛けているという。一番は、上級生の選手を意欲的に動かすことだ。練習に対して懸命に取り組み、結果を残して進路を開拓する。そんな先輩の姿を見て、後輩たちが〝やっぱりこの学校なら、これだけのことができるぞ〟という希望を抱き、良いと実感したものを下の代に伝えていくようになるのである。

これを繰り返すことで新たな伝統が生まれ、選手の自主性も高まっていくのだから一石二鳥だ。

「そういう流れを作っていくためにも、最初からすべてを選手任せにしてはいけません。指導者側が主導でチームを作る期間と、選手たちが自分たちでチームを作っていく期間を明確に使い分けていくべきです」

渡邉監督のやり方はこうだ。まずは徹底的に同じことを繰り返し練習させる。「この練習をする！」と決めたら、選手たちが〝できた〟と自覚できるようになるまで、同じ練習を繰り返すのだ。選手たちは「あれも上手くなりたい、これもできるようになりたい」と、いろんな部分での技術力アップを目指したいものだが、この期間は「いろんなものに目を向けるな」と言って、チーム全体でひとつの課題克服に集中するように釘を刺すのである。

「すべての面でレベルアップしたいという選手たちの気持ちは、痛いほど分かります。ただ、高校野球という短い時間の中で〝あれも、これも〟と手広くやっていても、すべてが良くなるわけがないのです。同じことを徹底的に繰り返すって、じつはすごくハードなことなのですが〝これだ！〟と思ったものには、チーム全体で取り組んでいきます。その結果、チームとして取り組んだ課題を克服した時には、それまでは課題だったものが武器に変わっているはずなんです。その時に初めて『じゃあ次に何をしたいの？』と言って、選手主導の練習に切り替えていきます。何かひとつのことができるようになった選手は、間違いなく自分たちに足りないものに気づいています。そこで彼らが『走塁練習がしたいです』と言えば『じゃあ、徹底して走塁を磨いていこうか』と言って次のステップへ導いていけばいいのです」

そこからは本当の意味での選手主体になってくるので、多少のリスクが付きまとうのは仕方がないことだ。しかし、すでに成功体験を植えつけたことによって、選手たちには「俺たちにもできた」という自信が備わっている。その自信が原動力である以上、よほどのことがないかぎり、選手たちが後退することはないと、渡邉監督は言うのである。

「選手たちが〝これをやりたい〟と言ってきた時には、私でも口を出したくなりますよ。ただ、彼らが考えて、実際に行動に移そうとしている時には、いっさい口出ししないように気を付けています。彼らがそこに行くための土台作りはすでに終えているし、その土台があれば選手たちは自ら考えて行動できるはずですからね。私がいちいち言わなくても、今日は何をしなければいけないのかは理解してくれているし、みんなで考えたことを私たちに報告させるというシステムの中で、こちらとしては正か否かの指示を出していくだけでいいのです」

「考える時間」が指導者を育てる

渡邉監督の中で「選手自らが考えて、自分たちで行動し、自分たちで感じ取る。その場所、タイミングを提供するのが指導者であり、これからの高校野球の形なのだ」という考えに辿り着いたのは、新型コロナウイルスの影響で学校が休校を繰り返していた期間だったという。

「本当にコロナによる休校期間が長く、自主練習しかできないという時期が長く続きました。その期間中には、ようやく摑んだセンバツの切符を手放す事態にもなってしまいました。でも、それは仕方がないことなんです。大会中止の知らせを受けた時には、私自身も大きなショックを受けましたが、不思議と落胆は感じませんでした。〝この機会に、何か変えられるものがあるのではないか〟と、すぐに切り替えることができたからです」

練習ができなかっただけでなく、家から一歩も出られない状況ではあったが、ポジティブな見方をするなら、過去に経験したことがないほどの「考える時間」が与えられたということでもあった。全体練習ができないのなら、今までできなかったことを逆算して考えてみてはどうか。この間、渡邉監督の脳内は練習再開に向けてフル回転を続けていた。

「そもそも『休校で思うように練習できなかった』と言ったところで、何の解決にもならないじゃないですか。どれだけ考えても解決しないこと、結論が出ないものに時間を費やすのはもったいないですよね。私は家の中で〝班別練習にトライしてみよう〟、〝こんな声掛けをすれば、あの選手を突き動かしてあげられるかもしれない〟、〝何かを信じてみよう〟、〝もっとピッチャーを増やそう〟ということを常に考えていました。そして〝選手主体のチーム作りをさらに進めていこう〟という考えに行き着いたのです。そういう意味では、コロナが自分をさらに強くしてくれました。より強い勝負師を目指す自分にとっては、とても貴重な時間だったと思います」

考える時間の必要性をあらためて痛感した渡邉監督だったが、日頃から大事にしている「機転」が、この時ほど力を発揮したことはなかったのではないだろうか。

全員への目配りでチーム力がアップ

コロナの期間を機に、渡邉監督は選手ひとりひとりと接する時間を増やした。これも、コロナによる休校期間中、過去の自分を振り返った時に見えてきた、ある反省点を活かしての取り組みである。

「数年前までの自分は、特定の子ばかりに目が行っていたような気がするんです。とくに、プロ野球選手となった教え子には〝見てあげる〟ということを入念に行っていましたよね。しかし、それでは個の力を伸ばすことができたとしても、絶対にチームは強くなりません。野球部にはグラウンドという非現実の中だけでなく、学校という現実世界で頑張っている子がたくさんいます。才能を開花させる選手は、何もプロに行く選手ばかりだけではないのです。どんな選手にも、その瞬間が訪れます。だったら、のちのプロ野球選手に対して行っていた過去の〝見てあげる〟という指導を、他の選手にも当てはめていけばいいのではないかと、ようやく気づいたのです」

そこで渡邉監督は、普段は試合に出ていない選手の一日を観察することから始めた。

〝この子だ〟とターゲットを決めたら、ひたすらその選手だけを追い続けるのだ。これをすることで、いろんなものが見えてきた。その選手がチームの中でどういう立ち位置にいるのか。現在はどういうことに取り組んでいるのか。上手くいっているのか、悩んでいるのか。こうしてその選手の〝今〟が見えてくると、声を掛けるタイミングが摑めてくる。森下の尾行ほど大がかりではなくても、渡邉監督は日替わりでターゲットを変えながら、選手ひとりひとりを見続けているのである。

目が行き届かないところは、女子生徒や他の先生が渡邉監督の耳目となって、いちいち報告を上げてくれるようになっている。学業の成績、交際している彼女の有無を含めた選手の情報は、すべて渡邉監督の掌中にあるのだ。

「大学に行く選手、さらにその上を目指そうとする選手もいる中で、高校野球で終わる選手もいます。上に行く選手にはピークを作ることはしませんが、高校3年間で終えようとしている選手たちには、3年間のうちにピークを迎えさせてあげる必要があるのです。そうやってひとりひとりに着目していくと、その子の小さな成長がすごく大きな成長に感じられるようになって、それがまた嬉しくてたまらないんですよ」

チームには、監督の方針や全体の決め事、統一目標がある。それらは、試合に出ている選手だけが理解していればいいというものではない。控え部員やマネジャーなども含め、全員が共通認識として持っておく必要があるのだ。そして、全員に浸透すれば、組織はより強固なものになる。渡邉監督が全部員に目を配り始めたことで、チームの組織力は年々強化されているのは間違いない。

「選手それぞれの気持ちに〝着火〟させるタイミングが、以前よりも増えてきましたね。ひとりひとりの選手を見る時間が増えたことで、気づきが増えたのだと思います。チーム力で何かに立ち向かっていくとか、ひとつのものに対して共感する心だとか。そこが強化されたのは、間違いなく全選手を見るようになった効果だと思います。だから、選手をまだまだ伸ばしてあげられるなという自信も大きくなりました」

甲子園出場には「運」も必要

渡邉監督の甲子園出場は、2013年夏と2020年春（中止）の2度。高校時代に甲子園を目指してプレーした経験のない渡邉監督だが、やはり足を踏み入れた聖地は格別の場所だったという。

「野球におけるすべての魅力が詰め込まれている場所でしたね。観客の多さとか雰囲気とか、単にそういうことではなく、ただただ〝甲子園はスゲーな……〟というそれだけですよ。甲子園という場所に辿り着いた時に感じたことは何かと聞かれても、上手く説明できません。ただ、一度でもあの場所に立てば〝もう一度行きたい〟、〝何度でも行きたい〟と思うのは本当でしたね」

しかし、いまだ甲子園の勝利は手にしていない。2013年に初めて甲子園の土を踏んだ時から「出るだけでは意味がない。勝たないと意味がない」という強い思いを持って臨んだが、それでも及ばなかった。大分大会チーム打率・404の強力打線と2年生エースの笠谷を立てた自慢の布陣でも、勝利には手が届かなかった。

「足りないものだらけでした。大分大会を勝ってきた形が、まったく出せなかったのです。出させてもらえなかったですね。やっぱり選手の技術力だけで勝てるほど、甘い場所ではありませんでした」

その後の渡邉監督は、甲子園での経験よりも、甲子園に辿り着くまでのプロセスを選手たちに話すようになった。入場から試合後の退場まで、いろいろと時間の制約がある中での甲子園は、あっという間にすべてが終わってしまった。その数時間の話を言って聞かせるよりも、甲子園に出場したチームの3月からの入りや、上手くいかなかった時にどう軌道修正していったかという話を、言って聞かせたのだという。

しかし、その後は森下や川瀬晃が在籍した代を筆頭に「勝てる！」と思っていた年代で、ことごとくチャンスを逃すなど、思うようにはいかなくなっていった。

「1年おきに大分県の夏は準優勝。甲子園に行くだけの土俵には、常に上がることができるようになったものの、最初に甲子園を見てしまったからなのでしょうか。なかなか越えられなくなっていきました。『こうやってチームを作っていけば、夏に甲子園を狙えるだけのラインには到達できるよ』という指導ができるようになった反面、肝心の甲子園がどんどんぼやけていったのです」

ただし、いろんな経験を重ねていく中で、気がついたこともある。

「甲子園は、力のあるチームが辿り着ける場所でもありません。試合の中でのポイント、ポイントを押さえていったその積み重ねが出場への必要条件であり、それができるチームだけが甲子園を摑むことができるのです。実際に、甲子園に辿り着いた過去2回がそうでした。そこには運も必要なんです。おそらく、選手たちに〝運が大事〟と言ったところで、運とは目に見えないものですから、何が運で何が不運なのかは分からないでしょう。しかし、不思議と目に見えない力を引き寄せられる代は、結果も残していています」

2020年のセンバツ出場を決めた大分商は、前年秋の大分大会準決勝で奇跡的な勝ち上がりを演じている。1点を追う9回二死一塁。ここで打者はなんでもないセンターフライを打ち上げて万事休すかと思いきや、相手の中堅手がこれを落球。土壇場で追いつき、勢いそのままに逆転で勝利したのだ。県大会の準決勝で普通に負けていたはずのチームが、九州大会で準優勝し、翌春の甲子園をも決めてしまうのだから、勝負事は最後まで分からない。

運を意図的に手繰り寄せる方法を知っている人が、果たしてどれぐらい存在しているだろうか。2019年秋の準決勝の時も、渡邉監督は「最後は神だ！　お前たちがこれだけ真面目にやってきたのだから、野球の神様が絶対にお前たちのためにいろいろ起こしてくれるはずだ」と、苦しまぎれの神頼みで選手たちを最後の攻撃に送り出すしかなかった。そして現在の渡邉監督は、自らの意思で幸運を味方にする方法はないかと、あの手この手で探っている最中だ。

KAKUJYO
KAKUJYO

第五章

選手を活かす組織作り

テレパシーが飛び交うグラウンド

技術だけではない中学生のチェックポイント

ここからは、渡邉監督の理想とする野球部の姿を紹介しつつ、持ち前の感性を活かした独特なチーム作りの手法に迫っていきたい。

そもそも渡邉監督は、どういう選手を欲しているのか。中学生を視察するうえで、重要視しているポイントは何なのか。そして「渡邉監督のもとで野球がしたい」という選手たちに、いったい何を求めているのだろうか。

「まず最初にチェックするのは、立ち姿とユニフォームの着こなしです。そこを見るだけで、いろんなイメージが湧きます。野球が上手いとか下手とか、そこはあまり関係ありません。投げ方がどうだとか走り方がああだとかも、そんなに気にもしていないです」

プロに行った教え子たちは、みんな立ち姿が良かったという。立ち姿は、その選手のフィジカル的なバランスの確認だけでなく、将来像を想像するための大切な材料になる。立ち姿の乱れは、伸びしろの欠如に繋がることが多いらしい。

森下を初めて見た時も、ユニフォーム姿の美しさに目を奪われたという。そして「うわ、スゲー！　この子はウチに来たら、大型遊撃手でいけるな」というインスピレーションが湧いたのだそうだ。その後も、渡邉監督の目に留まるユニフォームの着こなしが良い選手は、森下のようにスラッとした体形の子が多かった。これに関しては、ほぼ例外がなく「ただ純粋に、見た目がカッコいい子が多かった」と振り返っている。

また、監督の話を聞いている姿勢が良く、試合中に監督のすぐ横で一生懸命声を出している選手もポイントは高い。本気で野球が上手くなりたい、本当に勝ちたいという気持ちが全面に滲み出ているからだ。だから、ベンチの中で端っこの方にいるのか。中央付近にいるのか。いつも監督のそばにいるのか。そこは必ずチェックするようにしている。チームで一番の元気印、凛とした態度、颯爽と走る姿……。それらの魅力を感じさせる選手であれば、迷わず声を掛けている。

しかし、最終的には「この学校でやりたい！」という強い気持ちに勝るものはない。

「入試前になると、突然グラウンドに見学に来る子がいるんです。『どうしたの？』と聞くと『僕、絶対にこの高校に入りたいです！』と言うわけです。そういう子は一般入試で入ってくるのですが、今まではすべて受け入れてきました。〝もうここしかない〟という思いで入ってくる子は、ブレがないし雑念もないんですよ。そして、こちらが言った言葉をすべて受け止めてくれるのです。振り返ってみると、迷った末に『最終的にこの学校にしました』と言って入ってきた子で、活躍した子はほとんどいません。だから、直接僕のところに来てくれた子には、すべて声を掛けるようにしています」

よって、渡邉監督は野球をプレーしている姿を一度も見ないまま、選手を受け入れることも珍しくない。２０２４年の春に入学を予定している中学生で、実際にプレーを見たのはふたりのみ。他は「どうしても鶴城でやりたい」という選手ばかりだ。仮に「鶴城に来てどうしたい？」と尋ねて「僕は渡邉監督のもとで絶対にプロに行きたいんです」と活き活き語っていたら即採用。その他の情報は、後から入れる形を取っている。

練習見学に来た時の印象で〝この子、いいな〟と思えばその場で「ぜひウチで」と声を掛けることもある。

「その子の行動は必ず見ます。それができなければ、会話をした時の反応をチェックしますね。私の問いに対するレスポンスの良さや、自分の意見をしっかりまとめて話ができているかどうか。そこもやっぱり、立ち姿に通ずる部分なんですよね」

硬式出身選手と軟式出身選手

硬式か、軟式か。中学時代にどちらのカテゴリーでプレーしていたかは、渡邉監督の中ではさほど大した問題ではない。というのも、軟式出身の森下が大学、プロでそれぞれ侍ジャパン入りするほどのスーパーエースに育ったし、同じく軟式出身の三代が誰よりも打球を飛ばしていた姿もその目で見てきたからだ。逆に、鳴り物入りで入学してきた硬式出身の選手が、思うように力を発揮できずに高校でユニフォームを脱ぐケースも見てきている。

それに、渡邉監督自身にも、軟式出身者としてのプライドがある。

「日本で野球をやっている子供たちのほとんどが、軟式でキャリアを始めているわけです。軟式経験者なんですよ。だから、硬式の高校野球で軟式出身者が頑張り、軟式野球の良さ、魅力を伝えていくことができれば良いと思っています。今、小学校や中学校で軟式をやっている子供たちの、育成の手本になるような野球を示していくことができれば最高です」

しかし、実際のところは、軟式出身者ばかりを獲って編成していこうとすると、チーム強化のうえでは難しいところが多々ある。中学時代は硬式でプレーしてきた選手の方が、やはり将来への可能性は高いと渡邉監督は言う。

野球界では「中学時代に軟式をやっていた子の方が、トータルの練習量をこなしてきているので、硬式に慣れてくれれば一気に逆転する」と言われた時期もあったし、実際にそういうケースもたくさんあった。しかし、コロナの影響を受けてきたここ数年で、その傾向は明らかに変わってきたと渡邉監督は実感している。コロナの期間、中学生の成長期という本来であれば一番野球が上手くならないといけない時期に、学校を主体とする軟式の選手たちは練習ができなかった。一方、学校の部活動ほどの強い制約を受けなかった硬式の選手たちは、今まで同様に仕上がった状態で高校に入ってくるのである。

「投手は軟式出身でも通用する。野手は硬式出身の方が即戦力性は高い。その定説は、やはり間違いではないと思います。各ポジションに硬式出身の選手を当てはめていくと、すぐにチームは出来上がりますからね。先日も軟式出身の1年生を集めて『どうだ？』と聞いたら、硬式出身者に対して負い目を感じている者がいました。ただ『そうじゃない。今からでも充分、逆転現象は起こるから』ということを常に示してあげたいと思っています。ある程度出来上がった状態で入ってくる硬式出身者は、高校入学後は一段ずつ成長していくのに対し、軟式出身者は伸びしろが大きいので、一足飛びの急成長を見せることがあります。そこを言い聞かせながら、軟式出身の選手を引っ張っていってあげたいし、自信を付けさせてあげたいのです」

そうやって、軟式出身者が逆転現象を起こせば、硬式出身者との相乗効果でチームはさらに強くなっていく。「そうやって軟式出身のモチベーションを高めていけば、同じような逆転現象を公立高校が強豪私学に対して起こすチャンスもあるはず」と、渡邉監督は信じてやまない。

野手ピッチャー量産化作戦

渡邉監督が選手に求めているのは、ユーティリティさである。ひとつのポジションに辿り着き、ひとつのストロングポイントを極めた者が、結果的にプロ野球選手になっていったが、彼らもいろんなポジションで経験を積み、実力を磨いていった選手たちだ。

その代表格が、言うまでもなく森下である。高校3年春になって本格的に投手専念を決意した森下だが、シートノックには遊撃手として入ることもあった。そして、渡邉監督は「投手として日本の宝になり得る素材」ということを分かっていながら森下にノックを打ち続け、容赦なく左右に走らせるばかりか、どんどんダイブをさせていくのである。

「川瀬と競い合っていた時はもちろん、不動のエースになって以降も本気でノックを受けていましたね。当時から『ドラフト上位候補の投手』と高い評価を受けていただけに、ハラハラしながら見ていた人も多かったことでしょう。最後の夏も、勝つために何度もヘッドスライディングをしていました。ただ、本人にはそれが〝危険〟だという感覚がないのです。それこそ、完全なる野球小僧の感覚なのです。そして、森下クラスの選手になると、たとえそんなプレーをしても怪我をしませんよ。むしろ私は、怪我をさせないように『大丈夫か?』、『痛いところはないか?』と過保護になってしまうことで、かえって怪我をしてしまうのではないかと思っています」

リスクを背負った状況で、最大限できることは何なのかを常に考えているのが渡邉監督だ。たとえば、森下が遊撃手としてノックを受けていた時のように、いろんなことに本気で取り組むことで、怪我をしない方法を自ら見つけることができると思っている。

「本職の投手でも、遊撃手として試合に出ることになれば、三遊間の当たりに飛びつくのが一流選手の〝本能〟ではないでしょうか。そして、打球に飛びついた瞬間に起こるいろんなことが経験となり、知識としてインプットされていくのです。逆に、野手が投手を経験することで、登板過多による肩や肘の故障を経験することもあるでしょう。また、どれだけ投げれば肩が張るのかということも、実際に投手をやってみなければ分からないはずなんです。だから、私は〝いろんなポジションを経験している選手は、怪我をしない〟という考えに行き着きました。プロ野球界には、大谷翔平選手（ドジャース）という二刀流の代表格がいますが、大谷選手のようになんでもできてしまう選手が究極の理想ですよ。〝ピッチャーだからこう〟とか〝バッターだからこう〟といった既成概念の枠に閉じ込めようとしなかったから、彼のような選手が出現したのは間違いないと思っているので」

全レギュラーには、ひとり2ポジション、3ポジションを守ってほしい。それも二塁手と遊撃手といったものではなく、遊撃手と外野手、投手と捕手というように、まったく真逆のポジションをこなしてほしいというのが、渡邉監督の本心だ。そうやって、各ポジションの動きを全員が理解し、実践できるようになればチームは強くなる。また、本職が野手の投手、いわゆる〝野手ピッチャー〟が多ければ多いほど、練習試合もたくさん組むことが可能となる。つまり、投手陣の投球過多を防ぐことにもなり、投手の故障防止にも繋がっていくのだ。

「今後は野手ピッチャーの量産化を目指します。部員不足に悩む公立校なら、なおさらそういう部分が必要だと思います。投球制限のルールも誕生したのですから、なんでもできるユーティリティさを持った選手をどんどん増やしていくべきなんですよ」

國學院大で主将をした古江も、高校時代は野手ピッチャーだった。そして、古江の成長に合わせて、本職の投手陣も故障なく順調に成長していったのもまた事実である。

今後は、よりユーティリティ性を高めるために、1イニングごとに守備位置を変える守備練習にも取り組み、いずれは甲子園や甲子園を賭けた試合でも、そういう大胆なシャッフルをしてみたいと言う。そして「そういうことをやってみたいという欲求が生まれた以上、まわりから『やっぱり正雄は馬鹿だ』と言われてもいい。いずれはどこかの試合で実行すると思う」とまで言い切った。

B戦重視

新旧チームのスムーズな入れ替えを大事にする渡邉監督は、4月に新学期が始まった段階から「夏を戦うチーム」と「夏以降のチーム」を同時進行で作っていく。

「本当は許されないことなのかもしれませんが、私は夏の前でもAチームをコーチに任せて下の代の練習試合に付いていくことが多いですね。B戦に帯同して次の代の土台作りに取り組んでいくのです。〝次のチームはこういう野球をやっていく〟というものを植えつけていく作業を、私はとりわけ重視しています」

B戦は、メンバー外の3年生に出場機会を与えるという場所ではない。秋以降のチーム作りのための場所だと、割り切って考えている。それを夏前のシーズン中に行うので、当然批判に晒されることもある。もちろん、選手や保護者に理解してもらえるように手は打つが、反対意見はいっさい寄せつけない。誰から何を言われようと「それが私のやり方」と言って突き進んでいくのが渡邉監督のやり方だ。

「この形が確立されていったのも、コロナ禍の最中でした。いろいろ考えているうちに、私が一番大事にしている組織力を作るためにも、このやり方が必要なのだという結論に至りました。以前はどうしても試合に出ている選手たちの活躍が、その時点のチーム状況だと考えていました。でも、それでは組織力を高めることなど不可能です。そこから下の学年にも目を向け、より深く個を見ることにしました。すると、全体が見えるようになってきました。表面だけがチームのすべてではないのです。表面には浮上してこない内面も、またチームの実情なんですよ」

個を見ずに上っ面ばかりを見ていると、チームの全体像がぼやけて見えてしまう。その〝ぼやけた部分〟こそが、渡邉監督が勘違いをしていた点だった。ぼやけてしか見えていないのに〝良いチームだ。良い具合に仕上がってきた〟と思うこと自体がおかしい。表面の裏側をめくって見ると、何ひとつ仕上がっていないものばかりだ。そういう裏側の部分が、個々を見続けていくことで浮き彫りになっていくのである。

「〝ぼんやり〟ではダメなんです。私が納得できるまで、ハッキリ見えてこないと、アクションに移すことはできません。だから、AばかりではなくBの面々にも同じように目を配っていく必要があるのです」

シーズンオフ直前の11月に行われる1年生大会に全力を尽くすのも、そういう理由があるからだ。

「1年生大会の捉え方は様々で、中には監督ではないコーチが指揮を執るなど、いろんなスタイルの学校があります。でも、私は自分で指揮を執りたいので、参加したすべての大会で自ら指揮を執り続けています。監督である以上、選手全員を見ていかないといけない責任があるので」

ちなみに、渡邉監督が見ている時間の比率で言えば、Aが7、B（下の学年）が3といった割合になるらしい。

「焦らしのテクニック」を見せる時

夏に向けたAチームと同時進行でB戦を指揮してきているだけに、新チームの発足時はそれまで積み上げてきたものが実際にどうなっているのか、という確認作業から入る。監督として積み上げてきたものと、選手側が感じる自ら積み上げてきたものとの間で、必ずと言っていいほどズレが生じているからだ。そこの差を埋めていかないかぎり、新チームはスタートできないというのが、渡邉監督の方針である。

「じつは監督が〝上手くいっている〟と感じている部分も、実際はそこまではなかったということが多々あります。『俺はこういうふうに思ってチームを作ってきた中で、お前たちひとりひとりにもそういう話をしてきたぞ』と言ったところで、私との熱量に差がある選手はたくさんいるのです。『あれだけ言ってきたじゃないか』という部分が、絶対に出てきます。そういうズレがあれば、新チームを上手く始動することはできません。だから、秋の大会（九州大会予選）前に行われる最初の県新人戦というものに、あまり重きを置かなくなりました。たしかに早い段階から新チームを作ってきてはいますが、だからといって『最初から勝ちにいくぞ！』とは思っていません。もう一回みんなで確認していく作業を必ず入れるので、新人戦で思うような結果が残せなかったとしても、目くじらを立てる必要はないのです」

大分県の場合は、県選手権という名の県新人戦を秋の大会前に実施する。各地区に分かれて支部予選を行い、そこを勝ち抜いたチームと夏の甲子園に出場したチームによる16校で、翌夏のシードポイント対象大会となる新チーム最初の県大会を行うのである。

渡邉監督は、他のチームが「支部予選まで時間がない」と言って大慌てで練習試合を重ねている期間に、あえてチーム内の練習に集中しているのだ。

「時間をかけて作ってきた、ひとりひとりの役割を再確認する時期になるのですが、これが非常に重要なのだということに気がつきました。練習試合を組む時は、選手の方から『監督、僕たちはこれだけのことができるようになってきたので、そろそろ練習試合を組んでください』と言ってくるように仕向けていきます。〝また今日も練習試合か〟という雰囲気の中で試合をしても、大して実になっていないことが多いからです。だから、あえて試合に飢えている状況を一度作ります。そして、私が突然『じゃあ、今日ね！』と言った時に、最高のパフォーマンスを発揮できるだけの準備をしてくれているかどうか。そこを選手たちが理解して『これだけのことができるようになりました。監督の言っていることがやっと分かりました』と言ってきた時に、初めてそれを試すための練習試合を入れるようにしています」

ミーティングは夏までの間にA、Bそれぞれに行い、3年生だけのミーティング、2年生だけのミーティングも実施する。下級生選手たちには、新チームを見越して「お前たちにも当然、夏はある。そこへ向けて、こういうことをやっていかないといけない。ただ、その夏が終わって自分たちの代になった時に、確実に切り替えていけるだけのものがないとダメだ」と言い続けていく。

新チームがスタートした時に、監督が言っていることを理解できず、行動にも移すことができない選手がいれば、これを置いていくわけにもいかない。その選手が立ち止まっているところまで、監督が立ち戻らなければならないのだ。そして、最近は「それができる余裕ができた」と渡邉監督は言う。時には監督だけでなく、チーム全体をそのひとりが立ち止まっているポイントまで戻すこともあるそうだ。もちろん、戻した以上はいち早く軌道修正したうえで、少しでも先に進んでいかないといけない。

日頃から、選手たちに「立ち止まるな」と言っている渡邉監督自身が、立ち止まることを厭わないのである。

「どこよりも早く新チームをスタートさせているのに、いざ代替わりした時にはどこのチームよりも時間をかけて歩を進めていきますね」

一見、大胆なチーム作りを行っているようで、じつは石橋を叩いて渡る慎重さも備えているのが渡邉監督なのだ。

秋は夏と同格に扱う

チームのピークは、秋と夏に設定する。言うまでもなく、秋は翌春の甲子園切符を摑みにいくための最初のピークだ。新チームが正式にスタートして2か月後の地点に、最初のゴールを設定するのである。

「もちろん最終的には夏です。それはみなさん同じだと思いますが、新チームの起ち上げから考えると、そこに行くまでの間のスパンが長すぎるんですよね。その間、いろんな大会に負け続けて、それでも『夏の大会で優勝するぞ』と言うのは虫が良すぎる話なので、やはりそれまでに勝ちにいく大会が絶対必要になってきます。自分の中では秋と夏はあくまで同格の扱いなんです。6：4か、7：3かということはなく、絶対に5：5。まずは春の甲子園が懸かったチャンスの秋に、しっかり戦っていけるだけのチームが出来上がっているかが大事になってきます。間に合っていなければ、県選手権（新人戦）やその予選で、無理に勝ちにいく必要はありませんが、秋の大会は絶対に勝たねばなりません」

渡邉監督のチームには、秋の大会で敗退すると〝夏の引退か〟と錯覚を起こすほどに号泣する選手が多い。それぐらい秋というものに賭けているのである。

しかし、初期の渡邉監督は、夏だけに絞ったチーム作りをしていた。その間には1年おきに夏の決勝に行くなど、それなりの形にもなった。一方で、上手くいく年と、落ち込む年との落差が激しかったのも事実。むしろ、それが公立校では当たり前だと思っていた。

しかし、ある時期から〝常にトップにいるためにはどうしたらいいのか〟を考えるようになった。導き出した結論は、春も夏も本気で甲子園を獲りにいくこと。つまり、秋と夏という2度のチャンスを獲りにいくチームを作っていかないと、最終的に勝者にはなれないと判断したのだ。

「以前は、それほど秋に重きを置いていませんでした。森下の時でさえ『まだ夏がある』という感覚でしたからね。しかし、夏だけを考えていては、夏を獲れないのです。これって、指導者のエゴ以外の何物でもないでしょう。そういう自問自答を始めて〝やっぱり、この子たちは秋も勝ちたいんだ。勝って春の甲子園に行きたいに決まっているじゃないか〟という考えに至りました。〝秋を捨ててでも夏〟というのは指導者が思っているだけで、選手たちにとっては春も夏も、甲子園は甲子園なのです。それに『ウチは夏に絞っている』と言っているということは、秋に訪れるせっかくのチャンスを前に『我慢しなさい』、『高校生活2度の秋は諦めろ』と選手に通告しているも同然なんです。そんなふうに思っていること自体が残酷だと思うし、選手たちに対しても失礼極まりないことだと思います」

高校に入学した時点で、すべての選手には5度の甲子園行きのチャンスが与えられている。たったの5度なのである。しかし、渡邉監督が言うように、このチャンスをみすみすふたつ減らしてしまうのは、果たしていかがなものか。

「以前のように『秋は負けてもいいよ。最後の夏が残されているんだから』と言っていた自分は、逃げていましたよね。そのうえ、組織作りの点でも、ぼやけたままで夏に照準を合わせていました。つまり、そんな考えでは何も良いものは生まれないということです」

「センバツに出るつもり」で冬を越す

しかし、2020年を境にその考えにも変化が生じてきた。チームとしてのピークを、年2度から年3度へ。つまり、秋と夏に加え、春にひとつのピークを追加したのである。

大会が中止となった2020年センバツへの出場を決めた大分商は、秋の九州大会終了後から春の甲子園を目指して冬を越し、開幕に備えて最高の準備を整えていた。

「一斉休校となる前の2月の段階で、完璧と言っていいほどチームは仕上がっていました。〝この先も、これだけチームを作り上げたと実感できることは、そうそうないだろう〟と思うほどの手応えを感じていたのです。川瀬堅斗は1月からブルペンで作り始めて、2月の段階で完全に出来上がっていました。本当に〝もういつ開幕してもいい〟と思えるほどの状態でした」

結局、センバツは中止となったが「選ばれし者」たちに与えられる春のピーク作りを経験したことで、得られたものも大きかった。

「春の甲子園は、こんなに選手たちを成長させてくれるのかと実感しました。夏と違って、甲子園までに半年近くの準備期間があることが大きいですね。選手たちの動き、意識、モチベーション、成長度合い、そのすべてが見違えるほど良くなりました。春に一度ピークを持ってきて、そこから再び夏のピークを目指していく。その流れを経験できたのですから、決して無駄な時間ではなかったと思っています」

２０２１年秋の大分商は、準々決勝で大分舞鶴に敗れてセンバツへの望みを絶たれた。しかも、９回裏に2点差をひっくり返されてのサヨナラ負けだったうえに、大分舞鶴は翌年のセンバツに21世紀枠で初出場。渡邉監督の大分商ナインはこれ以上ない悔しさを味わい、冬のシーズンを迎えている。そしてその冬、渡邉監督は初の試みに打って出る。その名もズバリ「センバツに出ないのに、センバツに出るつもりの冬大作戦」である。

「もちろんこの先、大分舞鶴に振るい落とされないように食らいついていくというのが最大の狙いでしたが、私としては試験的な部分も強かったです。秋は自分たちが９割９分勝っている中で、その一分一厘を詰め切れなかったがために敗れ、その相手がセンバツ出場を決めたのですから、選手たちが味わった悔しさは並大抵のものではありませんでした。『だったら、大分舞鶴と同じぐらいに仕上げてやろうぜ』と言って、大分県の中で一番と言っても過言ではない量の練習をしました。おそらく、大分舞鶴よりも練習していたと思います。学校も目と鼻の先にあるので、向こうのグラウンドの照明がまだ明るいうちは、絶対に練習をやめないという気持ちでしたね。でも、それぐらいやっておかないと、センバツの舞台を経験した学校には付いていけなくなるのです。春の甲子園に出場したチームは、本当に何倍も強くなって帰ってくるので」

冬が明けた2022年春の大会では、準決勝で明豊に敗れて3位に終わった。そして、この大会が大分商監督として最後の指揮となった。仮想センバツで強化してきた大分商は、その年の夏に転勤1年目の渡邉監督が率いる佐伯鶴城に敗れて準々決勝敗退に終わる。しかし、秋には九州4強進出を果たし、翌2023年春の切符を勝ち獲ったのである。〝甲子園に出るつもりの冬〟を1年生として経験した選手たちによる、1年越しの甲子園。そして彼らは、渡邉監督が大分商で最後にクラス担任をした思い入れの強い選手たちでもあった。

プロのキャンプと歩調を合わせる

通常のシーズンは、2月1日のプロ野球キャンプインに歩調を合わせて冬の強化を行っていく。12月から1月は、2月1日からの本格練習とシーズンを乗り切るための体力強化の時期で、プロ野球選手の〝自主トレ期間〟に相当する。だから、選手たちには「冬休みも好きに使っていいよ」と言っている。そして「正月に家族とゆっくりすることは構わない。今までの疲れを癒すことも良いことだ。でも、2月1日にしっかり照準を合わせておくように。2月1日に動けないようでは、言い訳はできないよ」と伝えておけば、高校生の選手たちもしっかり調整していこうとするのだという。

投手にはあらかじめ「2月後半の第4、5クールには、バリバリ投げられる状態を作っておくように」と伝え、プロと同じように2月10日前後の3連休からシート打撃に登板するなどして、打者を相手にした投球を開始する。そして、2月20日過ぎからは本格的に紅白戦を組み、チーム全体で実戦感覚を養っていく。

紅白戦からはメンバー選考の段階に入っていくが、渡邉監督の中での紅白戦の位置づけは、その時点での力量、各自が冬の間に頑張ってきたものの発表会である。シーズンによっては2月11日ぐらいを目途にスタートする場合もあるし、センバツを決めていた2020年のように、1月中に紅白戦を実施した年もあった。

こういうスケジュールを組んでいけば、3月20日前後に春の大会が開幕する県が多い九州地区だけに、ちょうど大会初戦の頃にNPBの開幕と歩調が合う計算になるのである。

「キャンプから開幕までの流れを、高校では2年間経験できます。選手たちも2月1日からすべてが始まるという感覚を持っているので、そこに合わせた体作りや調整方法を高校の間に経験することになります。プロだけでなく大学も社会人も、ほぼ同じようなスケジュールで動いているので、ステップアップした先でもすぐに順応していくことができるはずです。プロの1年間は高校野球のスケジュールとは違うという意見もありますが、高校野球だけ冬に試合をしますか？　春に始まり11月いっぱいは試合をしているのですから、一緒なんですよ」

秋のシーズンを重視するという考え方があるからこそ、なおさらこのような強化スケジュールを組んでいく必要があると渡邉監督は言う。秋の九州大会をやっている時期には、プロ野球もCSや日本シリーズを戦っている。シーズンの始まりも終わりも、野球界はほぼ同じ流れで進行しているのだから、たしかに渡邉監督の方針は理に適っているのかもしれない。

大会の中のピークは初戦に設定する

渡邉監督は梅雨時期に行う走り込みなどの体力強化期間、いわゆる「追い込み」を設けていない。過去に渡邉監督は、明豊の川崎絢平監督から「5月のゴールデンウイーク明けから冬以上に選手を走らせて追い込み、いったん状態を落としたところから一気に上げていく」という話を聞いたことがあった。同様のことを全国の強豪が実践しているという。

「それを大分商でもやってみたところ、大会前に落ちた状態が上がってこずに、夏に間に合わなかったのです。多くの選手がピークを作ることもままならず、中途半端なまま夏を迎えてしまいました。創志学園（岡山）の門馬敬治監督は『追い込みを入れても、追い込んだ後に計算どおり上がってこない可能性がある。だから、追い込まないで夏を迎えることが大事だ』と言っていたので、それ以降は追い込みを入れないようにしています」

コンディションがピークに達した選手は、そこから徐々に状態が落ちていく。そこを想定しながら、可能なかぎり次のピークまで上げていくという作業を繰り返していくことになるのだが、フィジカルの強い私学ならともかく、公立の場合は常にピークの状態で試合をすると体力的に持たない。だから、ピンポイントでピークを合わせられるように作っていかなければならないのだ。しかし「追い込み」を行って大会を迎えてしまうと、ピークを迎える前に力尽きてしまうというのが渡邉監督の体験談である。

「子供たちにそこまでの体力がありませんでしたね。寮生が常に共同生活を送る中で追い込んでいくチームと、学校生活という制約の中で追い込み時期を作っていくチーム。やはり、同じ条件とは言い難いものがありますよね。少なくとも大分県内では、このやり方で上手くいっている学校は明豊以外で見たことがありません。だから私は、2月1日に合わせて体を作っていき、そこから野球をしながらピークを作っていくというやり方を採っているのです」

では、大会の中での最大のピークを、渡邉監督はどこに合わせているのだろうか。

「大会の初戦ですね。シードを取れば、大分県は5試合で甲子園。秋は4試合勝てば九州大会ですが、優勝しようと思えばやはり5試合に勝たなければいけません。その

5試合を頭に入れながら、ピークはあくまでも大会初戦に合わせます。5試合目の決勝にピークを設定していても、力を発揮できなければそこまで行き着かない可能性も大きいのです。先ほども述べたように、初戦がピークなら、その後は徐々に状態が落ちていきます。でも、それは最初から想定内です。だから、ピークから5試合分の状態が落ちた中で、勝ち切れるだけのフィジカルを作っておきたいですね」

○月○日までにこんな選手になりたい

毎年12月か1月になると、渡邉監督は選手それぞれに「○月○日には自分がこうなっている」という目標設定をさせている。できる、できないではない。何事もぼやけたものが嫌いな渡邉監督は「単純なことでいいから〝これ〟と思ったことを書け」と言い、具体的な日付まで明記して提出させるのだ。

「とにかく漠然としたものではなく、投手なら〝○月○日までに球速何キロ〟、〝○月○日までに新しい球種を増やす〟、打者ならば〝○月○日までに柵越えのホームランを打てるようになる〟。〝○月○日までに50m走のタイムで6秒を切る〟というように、目標はなんでも構いません。『球速を何キロ上げたい』と言っていた森下に『いつまでにできる？』と聞けば、必ず『○月○日にはこれぐらいのボールが投げられるようになっています』と答えていましたからね」

ただ「レギュラーになりたい」ではぼやけてしまうし「○月○日までに体重を何kgにする」というのは、あくまでもチームとしての目標だ。体重を増やすと言うのなら「その結果、何がどうなるのか。球が何キロ速くなるのか。ホームランが何本になるのか。そこまでを明らかにしなさい。それができた人間だけが活躍できる」と、渡邉監督の指示は徹底している。

「何番を打って、何割何分の打率を残す」でもいい。あるいは、試合に出ていない選手が「ベンチ入りをして、常に自分がいつでも行けるように監督の横にいる」といった目標でもいい。そこに、将来的には自分がどうなりたいのか、甲子園に行くために何が必要なのかをプラスして考え、より具体的な目標を立てた方が選手は伸びていく。

「結局はそこに行くまでに〝次にこうなる〟、〝次までにこれができるようになっている〟という段階がしっかりイメージできていればいいのです。選手によっては、もう一度修正をさせないといけない部分もあるし、継続させていくものもありますよ。そうやって『お前の言う○月○日まで、もう日数がないぞ』と事あるごとに言い続けて、尻を叩いていこうかなと思っています。下の学年の選手には、8、9、10、11月までの年間目標シートを作らせてみてもいいかもしれませんね」

選手が目標達成に向けて努力を続けている時は、常に前向きな気持ちでいられるためのお膳立ても忘れない。基本的には選手に任せる。そして、選手に「任せてもらえている」と感じさせることで、芽生える責任感を植えつけていくのだ。

もちろん、選手を否定するような言動はＮＧである。仮に〝思うようにいっていないな〟と感じる選手がいれば、上手くいっていない理由をきちんと説明し、何かひとつでもプラスになるようなアドバイスを送って、その日の練習を終えればいい。そうすることで、選手は次の日も自らチャレンジを繰り返そうとするだろう。そのやり方で、渡邉監督は何人もの選手の覚醒を誘発してきたのだ。

「宇宙人キャプテン」のススメ

「プロ野球に行きたい」と言う選手ほど、主将という重責を担わせてきたという話は既述のとおりだ。笠谷や川瀬堅斗は、誰よりも自己中心的で、誰よりも野球への情熱が強い野球小僧だった。一方で、誰もが納得する有言実行の結果を残し続けたことで、自ずと彼らがチームの中心になっていった。ある意味、必然の主将就任だったのである。

もっとも笠谷と川瀬弟は、渡邉監督が理想とする主将像とも合致していた。

「私の経験上、チームのことを第一に考えて行動する者に主将をやらせて、上手くいった例がないのです。普通はこういうタイプを求めたがるはずなんですけど、私の理想は独自のアンテナを持ち、私の言葉や思いをキャッチできる者。不思議と笠谷は、私が〝もっとこうしてほしいんだよな……〟という心の中のテレパシーをキャッチして、それを自分の言葉に置き換えて発することができていました。逆に『俺はこう思うんだ』と笠谷に言うと『そうなんですか。分かりました！』と言いながら、選手の前でまったく違うことを発言するということもありました。でも、それはそれで構わないんです。私自身が、それぐらいの感性を持った主将を求めているので」

では、調和優先タイプの主将が上手くいかないのは、なぜなのか？

「チームという大きな組織の中で、まわりを優先しすぎるがゆえに、自分自身が見えていないのだと思います。自分のことが二の次になってしまっては、自己の確立が疎かになってしまいますからね。それに、調和型の人間は定型型の発言をする者が多いんです。でも、私のチームでそれは必要のないこと。一言一句、私の言葉を他の選手に伝えようとしなくていいのです。それなら、私自身が直接伝えますから」

渡邉監督が求めているのは、人間の心理よりも、むしろ動物的感覚に近いものを持ち合わせた主将だ。

「目の前にエサがあります。それに対して、本能的に飛びつく者。直線的に向かっていける者。勝負の世界では、そういう部分が必要なのです。回りくどくエサのまわりをぐるぐる回っているだけでは、目の前の獲物を他の動物に奪われてしまいますからね」

だから、渡邉監督の歴代チームは、自己中心的な〝お山の大将〟の投手キャプテンが多かったのだろう。投手が主将になると、先攻・後攻を決める試合前のジャンケンに行かねばならない。本来はブルペンで調整に集中したいはずのタイミングで、相手チームの主将と握手をしているのである。しかし、渡邉監督はそんなこともいっさいお構いなしだ。そもそも、大黒柱としてチーム全体を引っ張っているからこそエースなのである。それだけの絶対的存在に、主将を任せて何がおかしいというのか。そういう存在を支えるゲームキャプテンさえ作っておけば、何も問題はないではないか。じつにごもっともな主張である。

第六章

新天地で問われる真価

佐伯鶴城で目指す「2度目の古豪復活」

復活請負人、降り立つ

２０２２年４月。渡邉監督は12年間勤務した大分商を離れ、佐伯鶴城に転勤した。大分商を率いた最後の春季大会は「最後まで渡邉監督を鶴城には渡さない」と大分商の選手たちが奮起。準決勝で宿敵明豊に３－８で敗れたが、渡邉監督は３位決定戦に臨むため、すでに年度が変わった４月５日の大会最終日まで指揮を執った。

その試合では、２日前の明豊戦で先発したエースを先発完投させ、最終回には外野全ポジションをシャッフルさせる大胆起用を展開。しかも、そのシャッフルは試験的なものでも、最終ゲームの最終回で生まれた遊び心によるものでもなかった。勝ちにこだわり、夏に向けて守りのバリエーションを増やそうという采配だった。試合が終われば大分商の監督を離任することを忘れているかのような本気の姿勢が、なんとも渡邉監督らしくて微笑ましかった。試合は４－１で大分商が勝利。見事に有終の美を飾ったのである。

試合後は学校に戻り、大分商ナインを前に最後のミーティングを行った。

「今日で俺のことはきっぱり忘れろ。俺も次はお前たちの敵として会うことになるからな。そして、何がなんでも俺を倒しにこい。それでも揺るがないチームを作って、俺もお前たちを全力で倒しにいく」

ミーティング後には涙を流す選手や保護者もいる中で、渡邉監督は持ち前の切り替えの早さを存分に発揮。その翌日には、ようやく新天地での野球生活が始まることにいてもたってもいられず、大分市内の自宅から練習着のまま出発し、佐伯鶴城のグラウンドに向かった。しかし、その日は職員会議が予定されていた。それを知らされていなかった渡邉監督は、ユニフォーム姿のまま顔合わせの会議に出席。「転勤初日からいきなり浮いてしまいました」と、持ち味全開で監督生活の第2章をスタートさせたのだった。

大分県南部の佐伯市にある佐伯鶴城の歴史は古く、1911（明治44）年に創立された佐伯中、佐伯高等女学校が前身で、現校名になったのは1951年だ。以前は県内で唯一のスポーツ科が設置され、競泳や体操の五輪メダリストを輩出するなど、運動部の活動が盛んなことでも知られる。

野球部の甲子園出場は夏の3度のみだが、OBが豪華絢爛だ。1986年のセ・リーグを制した広島元監督の阿南準郎、東京六大学リーグ歴代最多勝でバルセロナ五輪代表監督の山中正竹、社会人野球史上最多6度のベストナインに輝いたバルセロナ五輪代表の若林重喜、通算2020安打の元広島監督・野村謙二郎など錚々たる顔ぶれである。

卒業生の華々しい活躍に加え、1986年夏には全国8強にも進出している佐伯鶴城。大分商とは甲子園出場回数に大きな差を付けられてはいるものの、背景的には充分に「古豪」と呼んで差し支えないレベルの名門校なのである。

しかし、1996年夏を最後に甲子園からは遠ざかってしまっている。県大会では8強、4強に浮上することも珍しくないが、やはりそれでは「佐伯市から甲子園」を夢見る市民の思いは満たされないようだ。

そこへ着任したのが、低迷していた大分商を16年ぶりの甲子園に導いた渡邉監督だった。当初は、大分市内から1時間以上かけて通勤していた渡邉監督だったが「骨を埋める覚悟」を決め、家族を連れての移住を決意。これによって「渡邉監督による2度目の古豪復活」を期待する声は、ますます高まっていったのである。

覚悟を決めての佐伯移住

監督としての全キャリアを大分商で過ごしてきただけに、以前は〝大分商を離れることになったら、野球からいっさい身を引いてもいいかな〟とすら思っていたという渡邉監督だったが、まわりの状況がそれを許してくれなかった。そして、いったん「やる!」と決めたからには、すべてを賭ける。中途半端はいっさいない。それが渡邉正雄の生きる道である。

「当時は息子が小学校6年生だったので、私だけが大分市内から佐伯まで通っていたのですが、ある時に妻から『なんで通っているの？　覚悟を持って野球をするなら、佐伯に行かないと。息子のことは私がなんとかするから、大分のことは忘れてすべてを佐伯に賭けよう。家族全員で移り住むよ』と言われました。まずは、私が単身で学校のグラウンドの前にアパートを借りて移り住み、遅れて妻と息子が引っ越してきました。息子は最後まで大分市の小学校に通いたかったみたいですが、妻が『お父さんが覚悟を決めてやっているのだから』と言って息子を説得したそうです。息子は9月末の修学旅行まで大分の学校に通いましたが、それまでは片道1時間をかけて妻が毎日送迎してくれたのです」

大分商の時も、渡邉監督はグラウンドと目と鼻の先にあるアパートで暮らした。目一杯練習を見ることができるし、それだけの覚悟を選手たちにも示したいと考えたからだ。

「だから、転勤した佐伯鶴城でも〝ここが最後の赴任地になってもいい〟ぐらいの覚悟で臨んでいますよ。甲子園にも行かなきゃいけないと思うし、大分商の時と同じようにプロに行くような選手を育成していきたいとも思っています」

佐伯鶴城に来て行った最初のミーティングで、渡邉監督は選手たちに問いかけた。

「みんなで安全運転をしていくか。それとも、途中でどんな苦難の道を行くかは分からないけど、渡邉正雄という車に乗って1位を目指していくか」

すると、選手たちの方から「1位を目指す指導をお願いします」と言ってきた。

「だったら、全部を変えていくぐらいの覚悟がなければダメだぞ」と渡邉監督が言うと、今度は選手たちが必死の形相で「全部を変えてでも1位を目指したいです」と訴えてきた。佐伯鶴城での指導者生活は、想像以上の好スタートになったと思った瞬間だった。

大分商では、手探り状態からのスタートだった。その中で、成功したことも失敗したこともたくさんあった。しかし、佐伯鶴城では〝これをすれば、こうなっていく〟ということを、ある程度は分かったうえで指導することができている。

一番大きいのは「時間を短縮できている」ということだ。監督経験のなかった大分商時代は、すべてが手探りだった。いろんな引き出しを出しては引っ込め、いったん片付けたものを再び漁り出す。現在は、大分商で積んだ10年以上の監督経験があるから、このような手間を省略できているのだ。

「大分商の時よりはるかに楽です。以前は3か月かけていたものを、今は1週間でできるようになっているぐらいの感覚ですね」

こうして渡邉監督は、選手たちの心を徐々に鷲摑みにしていくのである。

1年半で達成した意識改革

渡邉監督の加入は、ちょうど佐伯市内で「スポーツで市を盛り上げよう」という機運が高まっていた頃と重なった。野球に関して言えば、数年前に佐伯市民球場のリニユーアルと、全天候型の室内運動広場の完成を機に、アジア大会に出場する侍ジャパン社会人日本代表のキャンプ地に選ばれている。また、数年後には社会人登録の新規チーム誕生も予定されており、本格的に佐伯の野球が盛り上がっていこうとしている、まさに〝ドンピシャ〟のタイミングでの転勤だったのだ。

もともと漁業の盛んな漁港として栄えた佐伯は、温かく人情味に溢れた人間が多い土地と言われている。その一方で、あまり変化を求めない気質が根強く残っていると渡邉監督は感じていた。

「私自身が積極的に変化をしていきたい人間なので、最初から変化を求めていきました。選手も大分商のように県内各地から集まってきているわけではなく、選手も保護者もみんなが小学校時代から旧知の仲です。だから、まとまりは強いのですが、私が目指す〝突き抜けていく〟という部分においては、あまりにも全体がフラットすぎて、これではなかなか選手を覚醒させることは難しいな、というのが最初の印象でした」

そんなコミュニティーの中で、ひと際異彩を放つ異端児がいた。古川雄大である。佐伯鶴城はもちろん、佐伯市の中でも圧倒的な選手だった古川。地元では知らない者はいないドラフト候補の存在が、改革に打って出ようとする渡邉監督には非常に大きかった。

渡邉監督によると、本来はひとりの選手が突き抜けていくよりも、チームみんなで突き抜けていきたいという考えが根強い地域だという。個人よりも、チーム全体で成長していく。もちろん、それは野球という団体競技を戦ううえで、非常に大事なことではある。しかし、才能を持った選手が結果を残すことができなくても、まわりはその選手を小さな頃から知りすぎているがゆえに「あの子だったら仕方がない」と、ただ温かく見守ろうとする。だから、どんなに力のある選手であっても、高校入学後に開花の時を迎えることができず、静かにユニフォームを脱いでいくのだろうと、渡邉監督は感じ取った。

「それでも、古川のように大きく突き抜けている選手がいると、当然こちらとしても〝突き抜けた者〟として扱わなければいけません。当初はそこに違和感を覚える人が、あまりにも多かったです。要は『古川だけではフェアじゃない』という考え方ですね。しかし、そういう突き抜けた存在がいないと、選手もチームも本当に強くはなっていかないのです。大分商時代も、突き抜けた選手がいたからこそまわりの選手もレベルアップし、4強以上に定着するだけのチーム力を付けていったのです。『そうなっていくためにも、常に改革を続けなければいけない』ということを、古川を引き合いに出して言い続けてきました。その結果、本当に力のある古川のようなタレントが認められるチームになっていきました。これこそが、選手たちが私の方針を受け入れてくれるようになった証なんです」

変化を嫌っていたはずの選手たちが、自ら変化を起こしていった。そんな渡邉監督が待ち望んだ状況が生まれるまで、実感としては1年半を要したという。だが、想像よりははるかに早かった。大分商の時は、これを作り上げるのに少なくとも5年はかかった。しかし、その経験があったことに加え、渡邉監督がもっとも得意とするドラフト候補選手の育成を初年度から見せつけたことで、大幅な時間短縮が実現したのである。

「ある意味、ここからが私の本領発揮と言っていいでしょうね」

狩生聖真は森下を超えるか⁉

突き抜けた存在といえば、古川が3年時に入学してきた狩生《かりう》聖真という投手がいる。狩生は古川と同じ中学校出身で、184センチの長身から144キロの直球とカーブ、スライダー、チェンジアップを操る、2024年ドラフト候補の右腕である。

高校2年秋の段階で、早くも進路を「プロ一本」に絞った狩生だが、184センチの身長に対して体重が60キロ台半ばと、体はまだまだ未完成。しかし、過去に8人のプロ選手を育てた渡邉監督は「体のことなどクリアしなければいけない条件はまだまだありますが、間違いなくプロに行く素材」と断言する。そして本人がプロ志望を表明すると、すかさず「可能性はある。それを実現させるためには、俺が言うプランをすべて飲んで、信じて、乗っかってこい。全責任は俺が取る」と伝え、プロ入りへの本格チャレンジをスタートさせたのだった。

「最初に見た時は、鶴城のエースとして大分県を代表する投手になってくれればいいな、ぐらいに思っていました。しかし、彼の成長過程を見ているうちに、プロでも充分にやっていけるなと感じるようになりました。素材は良いので、プロに入ってからのトレーニング方法や食事の摂り方を考えた時に、活躍する幅や伸びしろというものが、私の中で見えてきたのです。今までも最初の段階で〝この子はある段階で止まるだろうな〟と少しでも感じたら、プロには送り出してきませんでした。プロに入ることが、生きるうえでの最終目標ではないからです。その先の3年後、5年後……を考えた結果、狩生にはOKを出しました」

そこからは、過去にプロ野球に送り出した選手たちの生活習慣や練習態度を伝えながら、高校から直接プロに進むための考え方を植えつけている。そして、狩生の比較対象として引き合いに出しているのが、同じく細身の右腕だった森下だ。見た目は細いが体は強い。肩や肘の故障がなく、肉付きも成長過程も、狩生は高校時代の森下と非常によく似ていると渡邉監督は言うのである。

2年冬の狩生は、投手ではなく野手の練習に入っている。渡邉監督から「森下は野手としても一流で、野手練習をしていたからこそ成長できた」という言葉を聞いたからだ。

「着実に同じような段階を踏もうとしていますよ。ただ、体の柔軟性や投手としての資質を見た時に、間違いなく成功するだろうなと思わせるほどずば抜けていたのが森下でした。その点、狩生はまったく追いついていません。そこの感覚は〝芽生え〟を待っていては間に合わないので、植えつけていくしかないのです。ファーストストライクの精度、フィニッシュボールの精度。そこは森下のデータを振り返りながら、狩生にはめ込んでいきます。試合中は『森下は、こういう場面でこういうボールを投げていた。でもお前は、ここでこのボールを投げたことによって打たれたよね。なんでこのボールを選択したの?』という会話を重ねながら、狩生に投球を教えている段階です」

両投手の高校時代を比較すると、球の強さ、速さだけなら互角かもしれない。むしろ高校2年秋の時点で比べたら、球速は狩生の方が上回っている。それでも、渡邉監督は「投手としての総合力、プロで活躍できる資質は比較にならない」と首を振る。その一方で、森下のように侍ジャパンにも選ばれるほどの投手に化ける可能性も、充分に感じ取っている。だからこそ、進路志望は2年秋の時点で「プロ一本」に絞らせたのだ。

そして、高校レベルを突き抜けようとするエースの姿を見て、古川の時と同じような現象が起き始めている。狩生に後れを取るまいと、あるいは「甲子園を目指すチームにとって、狩生がいる今が最大のチャンス」と気づき始めたまわりの選手たちが、次々に急成長を遂げているのだという。

狩生の2番手で投げている井上功大は、本職が内野手の〝野手ピッチャー〟だ。それでも最速は、狩生を上回る145キロを計測し、スライダー、カットボールも見違えるほどキレ味を増してきた。「突き抜けた者の存在が、チーム力を何段階も引き上げる」という渡邉監督の持論が、あらためて実証されようとしているのである。

「個」の力を強化する本当の理由

佐伯鶴城では着任早々、古川や狩生のような、まさに頭ひとつ抜けた存在との出会いに恵まれた。だからといって、佐伯鶴城は決して「個」の強い選手が集まっている野球部ではない。むしろ「個」の強さで言えば、大分商の方が断然上だっただろう。そして渡邉監督自身も、この「個」を大事にしながら戦う集団を作っていきたいと思っているのだ。

「佐伯鶴城では、ここ何年もなかった〝外部の血〟を少しずつ入れるようになったのは、そのためです。佐伯市外からの選手を受け入れることは、様々な効果をもたらしました。もともと旧知の仲だけで育ってきた選手たちが、市外出身の選手と力を比較されることになり、本当の力量というものを自覚できるようになったのです。また、あえて下の学年の選手を使って、上の学年の選手たちの〝クソッ!〟という気持ちを引き出してきました。1年目の夏前には選手や保護者に対して『どんどん下の学年を使っていきますよ。私は3年生だから試合に出られるという感覚は持ち合わせていませんから』と通達し、チーム内の競争を促しました。それが良いことなのか悪いことなのかは分かりませんが、そうしないとチームは変わることができないと信じていました」

「個」を強化してチームに刺激を与えようとすれば、必ず一部からは批判が巻き起こる。しかし、あえてそこに踏み込んでいかないと、殻を破ることはできず甲子園にも届かないだろう。ましてや、すでに30年近くも勝っていない（甲子園出場はない）のだ。大分商では、プレッシャーを感じながら改革を突き進めていった結果、3年目に甲子園を勝ち獲っているのである。

そうやって「個」を強化していけば、当然試合に出られなくなる選手もいる。ただ、そういう選手の育成強化を怠っているわけではない。むしろ、大分商時代よりも厳しく指導にあたっているようにも感じられる。

「佐伯鶴城の生徒は、大半の選手が高校で野球を辞めてしまいます。とくに理系の選手はそうです。ただ、そういう子らにも佐伯鶴城で、渡邉のもとで野球をやったというものを植えつけていかなければいけません。そのためにも、現実の厳しさというものを教えていく必要があります。だから、レギュラー組と同じことを徹底して言っていくし、同じものを求めていくのです。でも『やってみろ』と言っても、できないものはできない。ただ、できないことを叱ったりはしません。〝無理なんだ〟ということを自覚させているのです。そして、できなかったことができるようになる瞬間を見逃さないために、冬場はそういう選手たちを見ている時間の方が多くなります」

〝試合に出ない子に、ここまで言うのはちょっと可哀そうだな〟という思いは、常に持っている。しかし、こういった指導を通じて渡邉監督は、その後の彼らが社会で発揮すべき〝現実を見る力〟を植えつけているのだ。卒業後の彼らが知ることになる世の中とは、言わば〝当たり前ではない世界〟ばかりである。これから先の人生で当たり前ではないことに直面した時に、乗り越えていけるだけの強さと判断力を、野球を通じて指導していかなければならないと渡邉監督は考えている。

「私と関わるこの3年間で、社会というものの厳しさはしっかり伝えていこうと思っています。挨拶もそう。表情ひとつ取ってもそう。試合に出ていようが、出ていまいが、分け隔てなく徹底して指導しています。それもひとつの『個』への指導なのです」

クラス担任のススメ

「教員である以上は、クラスを持つべし」と言う渡邉監督は、佐伯鶴城でも1年目から1年生のクラスを受け持ち、2年目もそのまま持ち上がった。ちょうど狩生や井上たちが在籍しているクラスだ。

普通科の佐伯鶴城では、3年生になると私立I系というスポーツ系の生徒が中心のクラス編成になるが、1、2年の間は大きく理系、文系に分かれることはあっても、野球部員がひとつのクラスに集中することはない。

「生徒のことを知ろうと思ったら、クラスを持つことが決してマイナスにはなりません。野球部だけだったら『おい』のひと言で全員がこっちを向いてくれますが、クラスの生徒の中には女子もいますからね。それに、いろんないざこざも起こります。それに関わっていかないといけないのですから、たしかに大変な職務です。でも、これはすごく野球に活きることだと思います。選手の人間性や野球以外の部分での立ち位置が、はっきり見て取れますからね。女子同士のトラブルをただ見続けている選手がいたり、グラウンドでは控えめなのに教室ではマウントを取ろうとする選手がいたり。その中で見えてきたものは、間違いなくチーム作りや選手の指導に活かされますよ」

自分の物差しを大きくしていくことによって、クラス全体もひとりの生徒も集中的に見ることができるようになるし、個人のいろんな部分もはっきりと見えてくる。逆に見えない部分は、他の生徒に聞けばいい。そこで〝なるほど。そういう部分が野球にも繋がっているのか〟と気づくことにもなり、グラウンド上での「もっとこうした方がいいぞ」という的確なアドバイスにも繋がっていくのである。

基本的に、監督と選手の立場では「はい」と「いいえ」という二択のコミュニケーションになりがちだ。しかし、それでは選手たちが持っているそれぞれの世界観を、キャッチしづらくなってくる。そんな時に貴重な情報を届けてくれるのが、一般の女子生徒たちだ。とくに女子は感覚が鋭いので、指導者の目が行き届かないような選手の様子にも気づき、頼んでもいない情報まで、惜しみなく伝えてくれるのだという。

大分商時代はやはり女子の比率が高く、源田在籍時には4：6だった男女比が、離任時点では2：8にまで広がっていた。そうなれば、教室内の女子生徒が持っている情報も莫大な量に達する。これを活用しない手はないのである。

「そうしたことも、クラス担任でなければできませんからね。野球部の監督も生徒を指導していることに変わりはないのですから、やはり子供たちのことは知っておくべきなのです。だから私は、高校野球の監督である以上、退職するまでずっとクラス担任をしていたいと思っています。もし私が『監督だけに集中したい』と言い出したら、もうひとりの自分が出てきて『もうこの時点で辞めた方がいい』と言うでしょうね」

寮の完成で狙う「人材の逆流」

２０２３年10月に、念願だった野球部の寮「球志寮《きゅうじりょう》」が完成した。最初の入寮生は５人で、２０２４年度には新たに７〜８人が入寮。さらに翌年には、最大20人前後が寮生活を送る予定だ。

以前は、遠方出身の選手は他の運動部と共用の一軒家で下宿していたが、他の生徒との生活時間帯の違いなどもあって不便な点も多かった。そこで渡邉監督は、地元の支援者に「野球部専用の寮が欲しい」と話をしたところ、すぐに数人のオーナーが名乗り出て、老人介護施設を改装した寮を瞬く間に用意してくれたのだという。

「最初に『寮を準備するよ』と聞いた時には〝翌年の春に間に合うといいな〟と思っていたのですが、そこを３か月という短期間で作り上げてくれました。また、その行動力こそ私が日頃から選手たちに求めているものでもあるのです。今までは行動を起こすまでの情熱が薄かったのかもしれません。だから私は遠慮せず、情熱を前面に出して『もっとこうしたいんです！』、『この学校を甲子園に連れて行くには、こういうものが必要なんです！』と訴えてきました。すると『よし、分かった！』と言って、私のリクエストを受け入れてくださり、すぐに行動に移してくれました。この行動力のすごさも、佐伯市ならではだと思いますね。言うことは簡単なんです。でも、実際にお金をかけて作ってしまう。それぐらいの行動力と熱意を持っている人たちがすごいし、地域がすごいなと思いました。本当に感謝しています」

５～10年先を見据えた時に、もう佐伯市内の中学生だけで戦っていくことなどまず不可能だ。現在は、佐伯市内から大分市内の高校に年間１２０人の生徒が通っている。ということは、ひと学年あたり約40人が流出している計算になる。それに加え、佐伯は毎年子供の数が約50人ペースで減り続けているのだという。そんな中で、佐伯鶴城、佐伯豊南、日本文理大付という市内の高校３校が定員を確保すること自体が困難な状況なのだ。

それでも、渡邉監督には「佐伯鶴城という古豪を復活させたい」という強い意志がある。人材が流出するばかりの現状を打破するには、人材の逆流を起こすしかない。そのためにも寮は必要不可欠だ。そこに指揮官である渡邉監督も住み込んで選手の管理を行い、保護者にも安心してもらえる環境を整備し、提供するしかないと考えたのである。

「やっぱり、必要なのは『改革する勇気』なんです。そして、それを理解していただいたおかげで、地元のみなさんからは寮を含めたいろんなバックアップをしていただけるような環境になってきました。本当にこれ以上ないバックアップ体制が整っているので、私が持っているノウハウをすべて注ぎ、あるいは人との出会いの中で、ある程度はやっていけるなという手応えを感じているところです」

古豪復活には、とにかく中途半端なやり方や気持ちは通用しない。そのことは、大分商時代に身を持って経験している。渡邉監督は自らの気持ちを地元の人たちに分かってもらおうと、そのためにもいっさいの中途半端を排除しようと思った。だから寮が完成した時も、すべてを賭けるために家族全員で寮に移り住んでいる。

「大分商時代も遠方出身の選手はいましたが、その選手の生活まですべて面倒を見るという状況ではありませんでした。今はそういう部分のフォローも行っているので、私個人の時間というものは完全に消滅してしまいましたね。でも、それぐらい賭ける価値はあるなと思っています」

寮の完成時に「あなたがそこまで覚悟を決めているのなら、家族全員で寮に入らないと」と言って従ってくれた妻も、寮母として渡邉監督と選手たちを支えている。2024年には、兵庫県や福岡県出身の選手も渡邉監督を慕って入寮する予定だ。

「本当に1年半という短期間で、よくここまで来ることができたなと思います。私の〝後先を考えない強み〟が、地域とも上手くマッチした結果かもしれません。一方で、やってみて、できなければ別のやり方で挑む。でも、まずはやってみないと何も始まらない。それを私は、佐伯という町から教わった気がします」

指導者、選手、そして地域の三位一体による古豪復活プロジェクトが、ますます熱を帯びてきている。

第七章

明豊と渡邉正雄

野球観を一変させた王者の存在

〝笑うしかない〟圧倒的な実力差

私が長年にわたって取材をしてきた中で、渡邉正雄という監督は過去に大きな変化を3度起こしたと感じている。ここまでに紹介してきた、コロナによる活動制限が明けた2020年と、2022年の佐伯鶴城への転勤がまさに大きな変化のうちのふたつなのだが、最初に〝おや、ちょっと変わってきたな〟と感じたのが2019年の夏だった。

それ以前は「勝たなきゃいけない」という意識が強すぎたのか、我々のようなマスコミ関係者に対しても、猫を被っていた部分が多かったように思う。今にして思えば、渡邉監督の言う「もうひとりの渡邉正雄」に、我々外部の人間の相手をさせていたのだろう。どこか本心ではない部分で話をしているような雰囲気があり、当時はどちらかというと苦手なタイプの人物だったと正直に白状しておこう。

しかし、2019年夏を境に、渡邉監督はより「本来の渡邉正雄」を表に出してくるようになったと感じた。人間味を感じるようになったのである。すべての人に対しではないのかもしれないが、少なくとも私にはそれまで隠しに隠していた素の渡邉正雄を、曝け出してくれるようになった気がするのだ。これが3つの変化のうち、渡邉監督には最大のものだったのではないかと、私自身は思っている。

「以前は伝統校の大分商ということで、まわりの目を気にしすぎて〝大商の野球部はこうでなきゃいけない〟とか〝戦略はこうじゃなきゃダメだ〟という縛りを、自分の中で勝手に作ってしまっていたのだと思います。それって、本来は一番自分らしくない部分なんですよね。たしかに就任3年目で甲子園に行きましたが、そこから1年おきに夏の決勝で負け続けました。そうやって、なかなか殻を破ることができなかったのは、私自身が変われていなかったからなんです。そんな時に、なりふり構わずというか、泥臭さとか、そういうがむしゃらさを思い出したんですよね」

変化というよりも、渡邉監督にとっては原点回帰だったのかもしれない。渡邉監督は選手に「覚醒する瞬間」、「開花する瞬間」を求めてきた。しかし、その瞬間は選手にのみ訪れるものではない。渡邉監督自らがそれを証明したのが、2019年夏の大分大会準決勝だった。

相手は明豊である。明豊は2021年にセンバツ準優勝、同年から県勢初の夏の大分大会3連覇を果たすなど、近年の大分県では圧倒的な戦績を残し続けている全国レベルの強豪である。そんな明豊に対して、渡邉監督はすこぶる相性が悪いのだ。２０１１年夏の準決勝で喫した５－10の完敗から、公式戦で13連敗、練習試合との通算では28連敗と、何をやってもまったく歯が立たない状況に陥ってしまった。その中には、森下と川瀬晃を擁した２０１５年夏の決勝、廣澤と古江が在籍した２０１７年夏の決勝も含まれている。

２０１９年の明豊といえば、及川雅貴（阪神）を擁した横浜や龍谷大平安を下すなどしてセンバツ４強入りを果たしており、圧倒的な戦力で夏の大分大会でも優勝候補の大本命だった。一方、この代の大分商は２年生エースで川瀬堅斗がいたものの、秋は初戦の２回戦で、春も同じく２回戦で敗退し、ノーシードで夏を迎えている。しかも、秋の初戦は２－13の６回コールド負けという惨敗で、その相手が他でもない明豊だったのだ。

その両チームが、甲子園を賭けた夏の準決勝で激突した。大分商は第１シードの日本文理大付を３回戦で破るなどして勢いを味方にしてはいたが、それでも明豊との実力差は一目瞭然。渡邉監督自身も「逆立ちしても勝てっこない。もう笑うしかない状況ですよ」という心境で迎えた対戦だったのである。

一世一代の奇襲

「あの明豊戦は、監督をやってきた中で初めて〝もう打つ手がない〟、〝勝てる要素がどこにもないぞ〟と思った試合でした。〝決勝なら相手も消耗しているだろうから、ひょっとして……〟という淡い期待もありましたが、舞台は明豊が充分に余力を残しているであろう準決勝です。ましてや、大分商のエース川瀬堅斗は2年生で、連投の疲れからベストには程遠い満身創痍の状態でした。そんな中でライオンに戦いを挑むわけですから、まったく勝てる要素も、勝つための策も見当たらなかったのです。策がないのに、何をすればいいのか。そういう極限まで追い詰められた時に、人はどうなるのか。それを私自身、初めて知りましたね」

渡邉監督は、開き直った。いろいろ考えても打開策が浮かんでこないなら、もう開き直るしかないのだ。ただ、開き直るといっても「試合を捨てる」ということではない。今まで渡邉監督の中にあった〝形〟を、思い切って崩しながら状況を打破しようというのである。1年以上をかけて作ってきたチームを崩してしまうなんて、大博打も過ぎるというもの。しかも渡邉監督は、負けたら終わりの夏の大会という究極の状況で、それをやってしまおうというのだ。

たしかにあの日の試合前から、渡邉監督の表情には悲壮感がなかった。私が「妙に楽しそうですね。まさか川瀬以外で行きますか？」と尋ねると渡邉監督は「内緒」とだけ言って、とにかく笑みを絶やさないのだ。渡邉監督のこんな表情は、初めて見た。しかも夏の大会の試合直前である。

その日、球場を訪れたファンや関係者の多くが、川瀬堅斗と明豊打線の初対決に胸を躍らせていたに違いない。しかし、そんな周囲の期待をよそに渡邉監督がオーダー用紙に書き込んだ先発投手の名は「田中誓哉」だった。

好守好打の田中は左投げの外野手で、背番号は9。中学時代には投手経験もあったが、高校入学後は練習試合の登板が少々あるのみで、この試合が公式戦初登板だった。

試合前日に渡邉監督が「お前、明豊戦は先発な」と告げた時も、田中は「えっ!?」と目を白黒させながら「無理です」と言って、一度は断っている。しかし「いやいや、無理も何もお前だから」と押し切る渡邉監督の様子に観念したのか、田中はすぐに投手用グラブを借りてブルペンに向かおうとした。そこでも渡邉監督は「ダメダメ。ピッチャー練習もいっさいしなくていいから。家の人にも絶対に『明日の明豊戦は俺が先発なんだ』と言うなよ」と伝え、極秘のうちに事を進めている。そして、見事に田中先発が漏れることなく試合当日を迎えた。当然、明豊にも田中のデータはいっさいない。まさにこれ以上ない奇襲と言っていい。

野球人生のすべてを変えた試合

オーダー交換の後に、大分商のスタメンが記入された用紙を見た明豊の川崎絢平監督が、思わず〝!?〟という顔をした。私もあの瞬間のことは、はっきりと覚えている。当時は記者室の後方が次試合監督の待機所になっていたので、私は5mほどの間隔を開けて座る渡邉監督と川崎監督に挟まれるような形で試合を見ていたからだ。右にはびっくりしてオーダー用紙を覗き込む川崎監督、左には〝してやったり〟とにやけ切った渡邉監督。両者の表情を見比べながら、私はつい渡邉監督の方に椅子を寄せた。

「渡邉先生、田中って試合で投げたことありますか?」

「初めてですよ。びっくりしたでしょ」

もう満面の笑みである。

「本当に試合前から楽しそうにしていたでしょ。だって、誰もが考えもしない奇襲を考えているわけですから。こちらは完全に開き直っていますからね。もう楽しみしかありませんでした。笑うのをやめようと思っても、どうしようもなかったですね。私が演じていたもうひとりの自分に素の私が入っていき、その中ではしゃぎ始めたのが自分でも分かりました。あの時は演じていた渡邉正雄ではなく、本当の渡邉正雄でした。つまり、演じていたもうひとりの自分が、ついに感情を持った瞬間だったのです」

田中の先発は、直感で決めたのだという。しかし、本職が投手ではない田中が明豊を相手に9回を投げ切ることは、まず考えられない。行けるところまで田中を引っ張って、途中で川瀬堅斗を挟み、頃合いを見てもう一度田中を戻そうというプランだった。だから、試合中の渡邉監督は〝いつ代えようか〟と継投のことで頭がいっぱいだったというが、田中の起用は見事にハマった。

変則的なフォームから放つ直球の最速は127キロ。しかし、味方が3回までに上げた5点のリードにも助けられ、投球の8割近くを占めるカーブで相手の強力打線を翻弄。6回途中まで3連続を含む6個の三振を奪い、川瀬堅斗にマウンドを託した。しかし、最初から川瀬堅斗を想定していた明豊はたちまち3点を返して反撃。そこで渡邉監督は8回途中から外野に回っていた田中を再び登板させると、相手に傾きかけた流れを見事に遮断し、結局6－3で逃げ切ってしまったのである。

「以前は見栄えを意識しすぎて、伝統校として継承していかないといけない部分、変えていくべき部分がぼやけていた時期がありました。〝どこまでが大分商だったのかな？〟、〝どれぐらい自分のカラーを出していいのかな〟と、私自身が迷走していたのです。ただ、そこに意識が行きすぎると、自分自身が変わっていくことはできません。田中の先発も、それまでの大分商では考えられないことでした。しかし、あの試合から、継投だったり、先発だったり、思い切った手が打てるようになったのは間違いありません。そういう意味では、何も打つ手がない状況で迎えた2019年夏の明豊戦こそが、私の野球人生のすべてを変えた試合と言っても過言ではないのです」

キャリア最大の失敗

それ以前の対戦では、とにかく負け続けた。どれだけ手を尽くしても、そのたびに相撲のぶつかり稽古をしているかのように跳ね返され続けてしまうのだ。

「以前は、明豊を倒して全タイトルを獲るという思いが強かったです。大分県で野球をやっている以上は、明豊を倒さないかぎり甲子園はないわけですから。たしかに、多くの大会の最後に決勝で明豊と戦っていたのが大分商で、私の中でも〝競い合っている〟という意識がありました。でも、意識しすぎていましたね」

渡邉監督の監督就任から1年半後に、明豊は部長だった川崎監督がチームの指揮を執ることとなった。そして、両者はほとんどの大会で対戦するようになっていったが、渡邉監督はことごとく負けている。

そして、渡邉監督が「キャリア最大の失敗」と語る試合が、森下や川瀬晃を擁して敗れた2015年夏の大分大会決勝だ。「森下がいる。先に1点でも先制すれば大丈夫」という大分商と「勝つには1－0しかない」という明豊との決勝戦は、好投する森下を味方打線が援護できず、渡邉監督率いる大分商は0－1で敗れた。森下の投球自体はキレキレで、むしろ明豊打線を上から押さえつけていた印象があるものの、結果的には明豊が描いたプランどおりの試合となった。

この試合で渡邉監督が犯したという「最大の失敗」を振り返ってもらった。

「森下が1点を取られた場面ですね。二死二塁でした。この時、二塁手は二塁ベース付近に守備位置を変えています。森下も、一番怖いのは自分の頭上を越されてのセンター前ヒットだと考えたのでしょう。自ら二遊間を詰めるように指示を出していました。しかし、私は〝今日の森下の出来なら、むしろ詰まらせて一・二塁間だろう。ここを抜かれてしまうと、二死なので普通に1点取られてしまう〟と考え、二塁手を2mほど一・二塁間に寄せたのです。しかし、打球は最初に森下が指示した二遊間を破ってセンター前へ。これで失った1点が決勝点になってしまいました」

これ以上ないというレベルまでチームを作り上げ、辿り着いた明豊との決勝。しかし、渡邉監督は「自分自身が甘かった」と、唇を嚙みしめながら述懐を続ける。

「あの試合で、川崎監督との差をもろに感じてしまいました。自身にとって最悪の状況を想定して試合に臨んでいたのが川崎監督で、逆に最高の結果だけを想定して試合に入っていたのが私です。最初にどちらを想定するかで、引き出しの数には差が生まれます。最高のことを想定していると、想定外のことが起きた時に対処できなくなってしまいます。逆に最悪を想定していれば、たとえ思わしくない状況に陥ったとしても、準備ができているので慌てなくて済むのです。我々の間に〝想定の違い〟はたしかにありました。そのあたりも、私がなかなか甲子園に辿り着けなかった理由なのかもしれません」

両者の夏初顔合わせとなった2015年の決勝で、本当に打つ手がなかったのは勝利した川崎監督の方だったのかもしれない。明豊はバスター戦法で森下攻略を試みたが、高校生最上級右腕の前に、思うようにチャンスを作ることすらできない状況が続く。それでも渡邉監督は、相手ベンチから漂う川崎監督の余裕に、どんどんハマっていったのだという。そんな雰囲気は選手たちにも伝播する。森下や川瀬晃は、そんな渡邉監督の異変を完全に感じ取っていたらしい。

「川崎監督は『いやいや。お前ら、大丈夫。想定内だから』と余裕を持って試合をしていましたよね。しかも、当時は30代前半という若さで、それができることがすごいと思いました。振り返ってみると〝自分は負けない〟という根拠のない自信だけで臨んだ、準備不足の試合でしたね。甲子園に届かなかったことで、一部の選手たちの人生をも変えてしまったわけですから。その責任は大きいなと思います」

目に見えない爪痕が残した教訓

こうして2019年夏、悲願の明豊戦勝利を摑んでトーナメント最大の山場を越えた大分商だったが、決勝では藤蔭に1－5で敗れ、甲子園には届かなかった。

「最後のひとつ。詰めの部分ですよね。最後の一番大事な部分が、必ず抜けてしまうのが私らしいというか。ここまでやりきったという地点に達してしまうと、自分の中で勝手に完結させてしまい、それ以上のことを考えられなくなるのです。あの時は明豊に勝ったことで、決勝戦前の段階では誰もが明豊に勝った大分商が有利と思っていたはずです。そういう雰囲気の中で、選手も監督も〝決勝は勝てる！〟と思い込んでしまったのです。相手の藤蔭も、大分商と同じノーシードから決勝に進出していて勢いはありましたが、冷静に試合ができていれば、決して負けるはずがなかった試合だと今でも思っています」

渡邉監督自身も、明らかに平常心を失っていた。明豊戦前はなかなか寝付くこともできなかったのに、決勝前夜は極めて快眠。その時点で大会を戦う渡邉監督の精神状態は、準決勝以前のものとはまったく別物になっていたということだろう。

「明豊戦を越えることに、かなりのエネルギーを消耗していたのです。それだけのエネルギーを使って戦っていかないと、とても勝負にはならない相手ですからね。疲労度も他の試合とは比べ物になりません。その中で味わう〝勝った！〟という高揚感で、まさに自分を見失うほどの心理状態に陥ってしまったのは事実です。明豊に勝ち〝これで甲子園だ〟と私が思っているということは、選手たちも同様に思っているということ。そういう意味では、試合には勝ったものの、明豊に付けられた目に見えない爪痕が、想像以上に深かったのかもしれません」

明豊戦勝利の余韻を引きずる渡邉監督は、エースの川瀬ではなく準決勝に引き続き田中を先発マウンドへ送る。しかし、足を絡めた藤蔭打線に捉えられ、田中は1回1／3で降板。あとを受けた川瀬堅斗が5回1／3で4失点と相手の流れを食い止められず、大分商は1－5で敗れたのだった。

「私の思考が完全におかしくなっていました。準決勝の後、田中は『ド緊張しました。試合中のことは〝いつ打たれるのだろう〟という恐怖感しか覚えていません』と言っていました。放心状態で試合のことをまったく覚えていない選手を決勝で先発させても、結果を残せるわけがないのです。もちろん田中には罪はありません。勝負所を見誤った私の失敗です。しかし、心身ともに消耗しきった試合を越えた先に、私たちは足を踏み入れることができたのです。そこに待っているものも、知ることができたし、経験することができました」

最大の山を越えはしたものの、甲子園は逃した。これをただの「高校野球あるある」で終わらせるわけにはいかない。2019年の夏に教えられたのは、平常心で大会を戦い切ること。その重要性を忘れてはならないと、渡邉監督は肝に銘じているのだ。

明豊と練習試合を積極的に組む理由

「初めて夏の大会で明豊に勝った後に、川崎監督が取材を受けていた私のことをずっと待っていてくれて『決勝は絶対に勝ってくださいよ。本当に今日は勉強になりました』と言ってくれました。その時に思ったのです。〝俺はこんな人物に挑んでいたのか……〟と。あれから私の中で、明豊と川崎監督に対するすべての見方が変わっていきました」

日頃から、9歳も年齢が下の川崎監督へのリスペクトを隠そうとしない渡邉監督だが、たしかにこの頃から、明豊に対する渡邉監督のスタンスやアプローチが変わってきたと、私も感じるようになった。

「それ以前はライバルという捉え方だったので、絶対に夏の決勝まで明豊とはやらないという考えでした。ただ、あの準決勝の勝利を機に、川崎監督の何がすごいのかということに興味が湧いてきました。そして私の性格上、知りたくなったからには、是が非でも知らなければ気が済まないわけです。だから、そこからは何度も練習試合をお願いするようになりました。多い時には、年間5試合から6試合は組ませてもらっています」

大分県では、長らく明豊の対抗一番手に位置するライバルチームを率いる立場で、最大の標的に練習試合を申し込むこと自体、良く思わない人たちも少なくはなかった。「お前、何をやっているの。いつも負け続けている相手と、ましてや県内では一番の敵と練習試合をする意味が分からない」という批判が、直接渡邉監督のもとに届いたこともあった。

「そんなことは、私にとっては本当にどうでもいいことなんです。最大の戦力でぶつかっていって、敗れ続けた者にしか分からない部分だと思うので。公式戦13連敗、通算でも28連敗。そして、ずっと決勝でも負け続けました。県内では常に明豊の背中を見ながら、すぐ後ろを走り続けてきたのは私だという自負があります。手が届きそうなのに、じつは見た目以上に相手ははるか前方を行っている。そんな感覚も、真後ろにいる私でなければ抱くことはないでしょう。誰もが『あれだけの戦力があれば……』と言いますが、明豊の強さの理由はそんな単純なことではありません。むしろ『県外から良い選手が集まっているから』と言っている間は、絶対に明豊には勝てないでしょうね。『では、あなたが明豊高校の監督になったら勝てますか？　あの選手たちを使いこなすことができますか？　選手を集めることができますか？』と聞かれたら、いったい何と答えるつもりなのでしょうか。強さの理由を知ろうとしないかぎり、近づくこともできないと思いますよ」

渡邉監督は、明豊がなぜ結果を残し続けることができるのか。新チームになって、いきなり強さを発揮できるのはなぜなのか。それでも、九州大会でコールド負けしてしまうこともある。その理由は何なのか。進路開拓や選手勧誘はどうしているのか。なぜ「川崎監督のもとで野球をやりたい」という選手が、広範囲から集まってくるのか。それらの秘密とチーム作りのノウハウを知るために、積極的に練習試合を組んでいるのだ。

「川崎監督が率いるチームに私のチームを当てはめてみて、何が足りないのか、どれぐらいの差があるのか。その確認作業のためにも行かせてもらっています。そして、試合のたびにいろんな引き出しを準備していくのですが、通用しないことがほとんどです。しかし、そこで私が得たものを選手たちに還元してあげることが、彼らのモチベーションを上げる恰好の材料にもなりますからね。川崎監督の明豊は、本当に最大の目標なんです。当然勝ちたいから練習試合もやっているのですが、そこで勝たないとどうのこうのではなく、何かしらを学ぶことができるので、戦うこと自体に楽しさを感じています」

なお、明豊に勝利した2019年夏以降の1年間で、公式戦・練習試合を4試合戦ったが、トータル63失点で全敗を喫している。それでも渡邉監督は、嬉々として対戦を申し込み続けたのだった。

育成強化の川崎絢平、覚醒誘発の渡邊正雄

明豊・川崎監督を追いかけ続けている渡邉監督が、川崎監督の「凄み」に触れた瞬間があった。2019年秋、九州大会の準々決勝だ。勝って4強入りすれば、翌春のセンバツ出場に当確ランプが灯る大一番で、明豊は沖縄尚学と対戦した。

3−3で迎えた8回裏に3点を勝ち越された明豊は、9回に相手の失策をきっかけに無死満塁と攻め立て、一気に4点を挙げて逆転に成功。7−6で息詰まる大接戦を制した。

この試合で明豊は全イニングで走者を出塁させたが、犠打はわずかに1。序盤に9番打者が一度バントの構えで見送ったケースもあったが、成功したひとつを除いてバ

ントのそぶりすら見せずにヒッティングを続けている。

「一死一塁、もしくは無死一・二塁でバントが決まれば、明豊ならほぼほぼ点になるはずのケースで強攻して、3回連続で失敗。うちふたつは併殺に倒れました。その試合中、トイレで川崎監督にばったり顔を合わせた時に『監督、今日はバントをしないの?』と聞いたのです。すると、川崎監督は『絶対にしない！　誰から何を言われようと、今日だけは絶対にバントをしない。それで負けようが関係ない！』と言い張って、ベンチに戻っていきました。その姿を見送りながら〝すげぇな〟と思いましたね。甲子園の懸かった大事な九州大会の準々決勝ですよ。それでも〝こうだ！〟と思ったことは、絶対に曲げないのです。攻撃の流れが悪くなっているのに、それでも絶対にその考えを曲げず、最後まで強攻を貫こうとする。そして、本当にバントをせずに勝ってしまいました。私だったら同じ状況で2度失敗したら、3度目は必ずバントですよ。でも、川崎監督が見ていたのは、明らかにその試合ではなかったのです。当時の明豊は『目標は日本一』と公言していた強いチームでしたが〝これをも越えていかないと、甲子園では勝てない〟という考えがあったのでしょうね。もしそれで負けてしまったら、それまでのチームと腹を括っていたのかもしれませんが、選手を信じていたにしても腹の括り方がすごいですよ」

また、川崎監督はたとえ背番号1を付けたエース投手が投げていたとしても、調子や相手との相性を見ながら先手、先手で継投に踏み切る。この沖縄尚学との試合でもそうだったし、準優勝したセンバツでも3人の投手を思い切って交代させながら勝ち上がっている。相手の仕掛けや、試合が動く瞬間よりも早いタイミングで継投していくのだ。

「あの決断力は、まだ私にも真似はできません。決断力の重要性は、源田と川崎監督によって教えてもらったことです。そして、その沖縄尚学戦を見ながら〝相手よりいち早く決断しなければいけない〟ということに気づき、その後も常に意識しています」

過去10年の大分県高校野球を先頭で引っ張ってきた川崎監督と渡邉監督だが、やはり指導者としてのタイプはまったく異なるものだと渡邉監督は言う。

「明豊の強さは、やはり川崎監督の指導力に理由がありますよね。川崎監督の指導は、しっかり計算されたプランの中で、持ち前の柔軟力を活かしながら選手の技術、人間性、勝負根性を3年間かけて育て上げていくやり方です。その点は、間違いなく大分県の中では断トツでしょう。まず私にはない指導力と言ってもいいでしょうね。一方、私の場合はひとつずつ積み重ねて育てていくというよりも〝覚醒待ち〟の指導なんです。選手を覚醒させるために、少しずつスパイスを加えながらなんとかやっていると いう指導です。その部分に関しては、なんとか追いつくことができるかなという思い もあるのですが、いざ最後の勝負所では、しっかりプランニングされた中で指導され てきた選手の方が強いですよね。そこは私の方でも、これから強化していきたいと思 っています」

こうして、強すぎるライバルをなんとか倒してやろうと策を立て、手を変え品を変 え挑戦し続けている現在の状況も面白くてたまらないのだと言う。以前は〝この人 （川崎監督）さえいなければ、もっと勝てていたはずなのに……〟と思うことも正直 あった。しかし、今ではその考えも完全に消え失せ〝どれだけ通用するのか〟、〝どれ だけの強さを見せてくれるのか〟を想像するだけでワクワクが止まらなくなる。そん なことを思うようになった時から、野球がより楽しく感じるようになった。

「そういう意味でも、川崎監督の出現は大分県の中でもすごく大きな出来事でしたよ ね。ここ10年は、間違いなく明豊が引っ張ってくれました。センバツは２０１９、20 年の2年連続ダブル出場に始まり、２０２４年で県勢の連続出場は6年連続になりま す。実際に甲子園で勝っているのは明豊だけですが、その明豊に食らいついていこう として、全体がレベルアップを果たしていったのです。その功績は計り知れないものがあります。だから、これからも明豊と川崎監督にはずっと強くあり続けてほしいと思っているのです」

先頭が逃げれば逃げるほど、追いかける渡邉監督も大きくなっていく。そして、いずれは大分県も抜きつ抜かれつのハイレベルな2強状態を迎えることになるのかもしれない。

おわりに

大分商に赴任した1年目に源田壮亮と出会ったことが、すべての始まりだった。

その後、笠谷俊介が出現し、その才能を3年間磨き続けたことで、渡邉監督の中には〝こうやって育てていけば、プロ野球選手になれる〟という輪郭が見えてきた。その後、大学を経由した森下暢仁や、ドラフト下位から一軍戦力に定着した川瀬晃といった、様々なプロセスを経てプロ入りした教え子たちを指標にしながら、プロ選手輩出のメソッドを何本も生み出し、現在も少しずつ増やし続けている最中である。

「プロを目標に生徒を指導することが楽しいのです。毎年ひとりはプロ野球選手を出していこうという思いは、自分の中にあります」

以前の渡邉監督は「甲子園に行きたいです！」と言う多くの選手より「プロに行きたい」と言っている一部の選手ばかりに目が行っているように見えた。そして、本編の中で証言しているように「実際にそういうところはあった」と本人も認めている。

おそらく、渡邉監督は正直すぎるのだろう。そんな性格が裏目に出て批判に晒されることも多いが、その正直さが「甲子園出場だけではない高校野球」のひとつの形を作ったこともたしかである。中には「甲子園は無理でもプロには行きたい」という選手もいるはずだ。そういう選手の志望を極力叶えてあげる方向で努力する。そして、そうした実績を頼りに、道を作ってくれる指揮官のもとに選手が集う。これもまた、新しい高校野球のあり方として、決して否定はできないと思うのである。

「甲子園に出ることと選手をプロに送ることの二択なら、両方を取りたいですね。総取りしたいに決まっているじゃないですか。しかし、現実問題として、なかなか二兎は追えないのです。一時期は『是が非でも甲子園！』と思って指導していたこともありましたが、それを優先させることで潰してしまった選手も結構いました。もし、森下の時に甲子園に行っていたら、出場回数はもっと増えていたかもしれません。ただ、そうなっていたら、甲子園に行きたい気持ちが私の中で強くなりすぎて、多くの選手に取り返しのつかない怪我をさせていたかもしれません」

そういった渡邉監督のやり方や考え方に、賛否両論があるのも当然かもしれない。しかし、私は渡邉監督に味方したい。なぜなら、渡邉監督を選んでいるのは選手たちだからだ。渡邉監督の独特な指導に触れながら甲子園を目指したい。プロや大学といった進路を切り開きたい。あるいは切り開いてもらいたい。そう願って渡邉監督のもとへ、毎年のように多くの選手たちが集まってきている。選手たちが渡邉監督を慕い、指揮官の目指す「高校野球の新しい形」を共に追い求めているのである。そのことを否定することは、誰にもできないはずだ。

私も「正雄は運が良いだけ」というまわりの声を何度も耳にしたことがあるが、そこも渡邉監督自身が「巡り合わせの良さという幸運に恵まれた」と認めているのだ。決して、ここまでの実績を自分の手柄と強調しているのではなく、自ら「運が良かった」と言い切っていること自体が、そもそも謙虚な姿勢を忘れていないという証である。そういう素直さ、正直さにも好感が持てるではないか。

「高校野球の監督となって過ごした13シーズンは変化、変革の連続だった」と渡邉監督は言う。変化とは、進化だと思う。変化した結果、仮に失敗したとしても、そこから得られるものがあり、さらに前進していこうという力に変えられるのであれば、それは間違いなくひとつの進化の形だ。一か所に停滞して何も変わろうとしないようでは、まず進化など期待できない。

そういう意味でも、渡邉正雄監督は10年前、5年前、そして現在を比較しても、少しずつ変化してきていると感じる。本文中にも書いたように、渡邉監督は2019年夏の準決勝突破、2020年のコロナ禍、そして2022年の佐伯鶴城への転勤を機に、いくつかの変化を遂げてきた。

「もうひとりの渡邉正雄」に、素の自分が入り込んで一体化したのが2019年夏。そこから渡邉監督は、仮面を脱ぎ捨て本性を包み隠さなくなった。自らが特異な宇宙人キャラであること、人間としての面白さ、優しさ、脆さを曝け出す余裕が出てきたのだろう。

コロナ禍においては、今までドラフト候補の選手に施していた目配りを他の選手にも適用し、チーム全体で「個」の能力アップに成功した。そして、佐伯鶴城では地域と一体になることの強さを知り、古豪復活に向けた本気の甲子園チャレンジに取り組んでいる。

最近では〝ええかっこしい〟で仕方なかったもうひとりの渡邉監督の姿を、あまり見かけなくなったような気がする。完全に消え失せたわけではないのだろうが、すでにその存在に頼らなければならない状況ではなくなったのかもしれない。

そうやって変化を続けているため器用そうには見えるが、じつは一本気。なんでも手広く柔軟にこなしていけそうで、いったん〝これだ!〟と思えば、脇見することなくすべてを賭けて猪突猛進していく。そんな性格だから、大分商を離れる際も〝すべてを大商に賭けてきたので、転勤する時は野球から身を引いてもいい〟とまで考えた。妻の景子さんにも「鶴城では監督をするか分からないよ」と、すでに燃え尽きたかのような発言をしていたらしい。一時は、野球部がない学校に転勤希望を出していたこともあった。それぐらいの達成感を、大分商では味わっていたのだ。

そんな渡邉監督を再び前向きな気持ちにさせたのは、佐伯鶴城に転勤した直後の2022年4月27日に他界した父・昭雄さんの存在だった。昭雄さんの闘病期間はちょうどコロナ禍の真っ只中でもあったため、面会はほとんどリモートで行われ、直接顔を合わせて言葉を交わしたのも、ほんの数回にかぎられたのだという。

「鶴城で甲子園に行け。それも3年以内だぞ」

それが最期の言葉だった。内心では野球から身を引こうと思っていた渡邉監督だったが、病床の父は佐伯鶴城では監督をするものだと思っている。いや、むしろ監督をやってほしい。甲子園に行ってほしい。そして父にとっては、息子が野球をしている姿が一番の楽しみだった。その気持ちがひしひしと伝わると、再び闘志が蘇ってきた。

「自衛隊出身で、自ら電気工事の会社を起ち上げるほど強い人だったので、病魔なんかに負けるなど、まったく思ってもいませんでした。そんな父が、最後になって心からの願いを残し、旅立っていったのです。その時に覚悟を決めました。〝100%を賭けてやるぞ〟という、今までに覚えたことのないような強い決意が芽生えました。この本が完成した時には、真っ先に父の仏前に供えてあげたいと思っています」

「やる」と決めた以上は、渡邉監督には成し遂げなければならないことがある。まずは、これからもプロ野球選手を輩出し続けること。少子化が進み、野球人口の減少にも歯止めがかからない今「地元の高校からプロ野球選手になれる」という可能性を示すことは、野球界にとっても決してマイナスにはならない。

現状は「甲子園に行きたい」という理由で、高校野球を続けている子供たちがほとんどだ。そこに「プロへの道」という選択肢が新たにできれば、子供たちが高校でも野球を続けていくひとつの動機になっていくはずだ。そういう意味でも、渡邉監督が掲げる「甲子園出場だけではない高校野球」へのチャレンジの成り行きには注目していきたい。

また、渡邉監督には守らなければならないものもある。渡邉監督が過去に指導した8人のプロ野球選手のうち、軟式出身が森下暢仁をはじめ半数の4人を占めている。川瀬堅斗の代は、レギュラーポジションのうち6人が軟式出身で、中学時代は試合に出るか出ないかというレベルの選手が多かった。それでも、九州大会準優勝まで勝ち上がったのだ。もちろん渡邉監督自身にも、軟式出身者としてのプライドがある。

「軟式出身者の可能性を、一番信じてあげられるのが私だと思っています。軟式野球に取り組んでいる中学生や小学生に、夢を与えてあげられる学校にしていきたいのです」

そして、公立高校の地位も死守したい。そういう思いが強くなったのは、皮肉にもコロナ期間中だった。あの頃は当たり前のことが当たり前でなくなるぐらい、生活様式が一変した。だから、何かを変えていく転換期だと思ったのだ。

「コロナ期間中には、選手が県外に出ていく野球留学が一時的に減少し、公立・私立がフラットになった瞬間があったのです。時期によっては、休校になった私学よりも練習ができていた公立高校もありました。そんなタイミングだからこそ、公立高校が生き残っていける時代を作らないといけないと考えたのです。このままいくと、甲子園は私学大会になるばかり。だから、言い訳や愚痴ばかりを並べずに、私たちももっと工夫しながらやっていかないといけません」

何かを変えるチャンスにこそ、渡邉監督がいつも大事にしている決断力が物を言うだろう。ましてや、低反発の新基準バット導入で、新しい野球に生まれ変わろうとしているタイミングでもある。こういう時にこそ、本領を発揮するのが渡邉監督だ。

「軟式野球と公立高校の〝最後の砦〟になりたいんです」という言葉に、いっそう熱が帯びる理由もよく分かる。

そして、佐伯鶴城の復活は何がなんでも達成せねばならない。地域を挙げた最高のバックアップ体制が整いつつある中、渡邉監督の指導で開花したいと望む戦力も、徐々に集結しつつある。

完成したばかりの寮を視察したレジェンドOBの山中正竹氏からも「渡邉君、ありがとう。君のやろうとしていることは、間違いじゃない。頑張れ」という激励を受けた。東京六大学の歴代最多勝投手で、野球殿堂入りも果たした現侍ジャパン強化本部長、全日本野球協会会長の存在は、何よりも心強い援軍となるだろう。

「森下たちのいた2015年夏の決勝は0－1で明豊に負けているので、今度はお前たちが1－0で勝つぞ！」

2024年は佐伯鶴城3年目。そういえば、大分商を率いて初めて甲子園の土を踏んだのも、監督就任3年目の夏だった。野球における師・後藤美次監督と交わした「3年で甲子園」の約束は、見事に果たした。今度は人生の師でもある父・昭雄さんから託された最後の願いを叶える番だ。

やはり、渡邉監督は変わった。正確には、変化を起こしている最中なのだろう。そして、渡邉監督が発するラストテレパシーに、これからの渡邉正雄に期待が持てる理由のすべてが詰まっていた。

「私自身がまったくキャリアのない野球人生を歩んできましたが、選手たちの中で何か変わろうとする瞬間はたくさん見てきました。これから先もそうですが、野球を通してその子の人生を変えてやりたいと思っています。それはプロに行くことがすべてではなく、大学や社会人に進み、高校で野球を辞めていったとしても『あの時に一歩を踏み出すことができたから今がある』と、子供たちに言ってもらえるような指導をしていきたいと思うのです。

だから、これからもいろんな生徒、選手を見たいし、関わっていきたいですね。まだまだ私が知らないものを持っている選手が、世の中にはたくさんいると思います。まだまだ私には足りないところだらけなので。私の引き出しをもっともっと増やしてくれるような、個性的な選手と出会いたいと期待しています。

私は『お前には無理だろう』と言われている選手たちが、乗り越えていったところを何度も見てきました。だから『あの選手が渡邉のもとでここまでになったのか！』と言われるような選手をこれからも作っていきたいし、その方法もたくさん見出して作っていきたいのです。そのうえで、私がいまだ達成していない甲子園での勝利を掴み獲ることができれば、指導者としてこれ以上の幸せはありません」

やはり渡邉監督は変化（進化）を続けている。右のような渡邉監督の言葉を受けて、これからの指導者生活、そしてパフォーマンスに期待を抱かずにはいられないのである。

16

プロを輩出し続ける
異能の指揮官 渡邉正雄

2024年3月22日　初版第一刷発行

著　　者／加来慶祐

発　　行／株式会社竹書房
〒102-0075 東京都千代田区三番町8-1
三番町東急ビル6F
email : info@takeshobo.co.jp
URL https://www.takeshobo.co.jp

印 刷 所／共同印刷株式会社

カバー・本文デザイン／轡田昭彦＋坪井朋子
カバー写真／アフロ（日刊スポーツ）
特別協力／渡邉正雄（佐伯鶴城野球部監督）
取材協力／佐伯鶴城野球部・大分商野球部
協　　力／永松欣也

編 集 人／鈴木誠